走进质量时代

安徽省质量技术监督局
安徽省质量协会
编

中国质检出版社
中国标准出版社

北　京

图书在版编目(CIP)数据

走进质量时代/安徽省质量技术监督局，安徽省质量协会编.
—北京：中国质检出版社，2016.5
ISBN 978-7-5026-4267-9

Ⅰ.①走… Ⅱ.①安…②安… Ⅲ.①产品质量—研究 Ⅳ.①F273.2

中国版本图书馆 CIP 数据核字（2016）第 051529 号

中国质检出版社
中国标准出版社 出版发行

北京市朝阳区和平里西街甲 2 号（100029）
北京市西城区三里河北街 16 号（100045）

网址：www.spc.net.cn
总编室：（010）68533533 发行中心：（010）51780238
读者服务部：（010）68523946

中国标准出版社秦皇岛印刷厂印刷
各地新华书店经销

*

开本 880×1230 1/32 印张 5.375 字数 94 千字
2016 年 6 月第一版 2016 年 6 月第一次印刷

*

定价 18.00 元

如有印装差错 由本社发行中心调换

编委会名单

序

质量是发展之基、兴业之道、强国之策。党中央、国务院高度重视质量工作。党的十八大以来，习近平总书记就质量问题作出了一系列重要论述，强调要推动中国制造向中国创造转变、中国速度向中国质量转变、中国产品向中国品牌转变。李克强总理在首届中国质量（北京）大会上强调，中国经济要想再创奇迹、再创辉煌，就必须着力在提升质量上下功夫，以质量的提升来“对冲”速度的放缓，把经济社会发展推向“质量时代”。这些战略思想为新形势下的质量工作指明了发展方向，注入了强大动力，提供了思想保障。

安徽承东启西、连南接北，区域优势明显，战略地位重要，质量发展的历史文化源远流长。安徽省委、省政府对质量工作看得重、抓得紧，认真落实党中央、国务院的部署要求，把质量作为发展大计、强省之策，将质量品牌升级工程列为全省调结构转方式促升级的十大工程之一，着力提升产品质量、工程质量和服务质量，质量发展成效明显。特别是质量创新、质量文化建设特色鲜明，在全国享有较高声誉，具有示范效应。

书籍记录历史，书籍传承文明。为宣传普及质量知识，提高全民质量意识，推进质量工作发展，更好地为经济社会发展服务，安徽省质量技术监督局局长朱琳同志主持编写了《走进质量时代》一书。本书共6个章节，通过概述性文字勾勒出质量的内涵、现状、发展历程和成就，为新时期的质量研究与管理提供了新的视角和有益启示。本书内容翔实，编排精细，具有特色鲜明、诠释准确、语言通俗等特点，力求知识性、可读性、实用性，兼顾系统性、故事性、科学性，尽可能满足各方面读者的需求，值得阅读、借鉴、参考。

聪者听于无声，明者见于未形。当前，我国经济发展已经进入新常态，虽然发展环境正在发生深刻变化，但我国仍处于大有作为的重要战略机遇期没有改变，对质量的更高要求没有改变。我们衷心希望，能够借助此书，向广大读者打开一扇窗、架起一座桥，让质量知识广为传播、深入人心，增强全民的质量意识，凝聚永恒的价值追求；我们衷心希望，安徽各级各部门、社会各界和广大企业紧紧围绕“四个全面”战略布局，秉承敢为天下先的理念，争做“质量时代”的先行军，全力推进质量安徽建设，全面提升质量发展水平，为建设质量强国做出积极贡献！

让我们为中国质量事业的进步与发展共同努力！

梅克保

2016 年 2 月

前　言

质量是国家综合实力的集中反映，是打造中国经济升级版的关键，关乎亿万群众的福祉。

安徽省质量技术监督局率先提出“两手抓质量”的工作理念，技术之手抓质量管理，推动企业注重过程、全面管理，追求卓越；文化之手抓质量教育，引导公众内化于心，外化于行，追求品质。坚持“两手抓两手硬”，在扎实推进质量安徽建设的同时，倡导理论研究之风、政策研究之风、技术研究之风、调查研究之风等新“四风”，持续着力于质量宣传和理论研究，传质量之道，布质量之教，在全国产生一定的影响。

2013 年，安徽建成全国首个综合性质量文化长廊，持续传播质量正能量；2014 年，全员开展“质量大家谈”活动，开展质量专题研究，并形成成果结集出版。

本书是在朱琳同志质量讲座讲稿的基础上，组织编写而成，目的是向全社会普及质量知识、宣传质量工作、传播质量文化。本书用通俗的文字诠释质量概念、解读质量历史、讲述质量故事、分析质量状况、探讨质量路径，以形象的方式呈现抽象的质量理念，激活质量热情，燎原质量星火，续写质量辉煌，服务我国经济社会发展迈向质量时代。

由于编写水平所限，书中不当之处在所难免，恳望广大读者提出批评意见。

本书编委会
2016 年 2 月

CONTENTS【目录】

第一章　什么是质量？

我们在日常生活中经常会听说“质量”这个词，有时也会用这个词对一些事物做出高低好坏的判断。但我们很少去深入地思考“质量”：质量的本质是什么？不同的人物群体怎样看待质量？好质量是怎样产生出来的？质量怎样才能不断改进？

一、老百姓所体验的质量

质量是全球共同的话题。为了宣传质量，各国设计了各种各样的口号。1987 年在日本东京召开的第七届世界质量大会，人们通过对各国口号的比较，发现“质量第一，永远第一”是公认的最响亮的口号，“质量第一”的理念也由此得到一致认同。“质量无时不有、无处不在”，是使用频率最高的词汇之一。但是，在日常生活中，人们对于“什么是质量”却有不同的答案。

一千个人心中就有一千个质量。在西方广泛流行一个谚语：“一千个读者眼中就有一千个哈姆雷特”。哈姆雷特是英国大文豪莎士比亚在戏剧中所塑造的著名的文学形象，性格矛盾复杂，在他身上体现着人类命运的诸多共性。性格、背景、成长经历、处事方式和世界观不同的读者，似乎都可以在哈姆雷特的身上找到自己的影子，所以一千个读者就会对哈姆雷特有一千种理解，哈姆雷特就有了一千个形象。就像对哈姆雷特的理解一样，对质量的理解同样“仁者见仁，智者见智”，可以说一千个人心目中可能就有一千个质量观。

有人说，质量好就是耐用、好用、可靠。这是对日用消费品而言的质量。

有人说，质量好就是好吃、有营养、新鲜。这是对食品、农产品而言的质量。

有人说，质量好就是住房的材料好、结实、美观，功能齐备。这是对建筑工程而言的质量。

有人说，质量好就是服务周到、舒服，内心产生很好的体验甚至意料之外的惊喜。这是对服务行业而言的质量。

有人说，质量好就是做事效率高，细致周全，执行力强。这是对我们日常工作而言的质量。

有人说，质量好就是山清水秀，生态优美，污染可控。这是对环境而言的质量。

有人说，质量好就是协调、可持续，投资、出口、消费三驾马车平衡发力。这已经延伸到经济运行质量。

还有人说，质量好就是国民素质高，文明修养程度高，社会和谐。这更是扩展到整个社会管理层面的质量。

不可否认，大家说得都对。人们在日常生活中体验到的质量涉及的领域十分广泛，从衣食住行、生活工作环境、经济运行到社会管理等，都存在质量好坏的问题。但细想一下，以上对质量的描述都是对质量某一方面属性的列举，或者是对某一个领域质量的直观体验，总感到是在绕着圈子转，没有切中靶心。如同盲人摸象，大象的腿是大象的一部分，大象的尾巴也是大象的一部分，但绝不能说，大象的腿和尾巴就是大象。我们需要抓住质量的本质，对质量做出准确的概括，从而给出一个普遍认可的质量定义。

二、市场主体的质量观

上面我们所举的对质量的不同说法，都是个体对质量的体验和感知，总体来说感性有余、理性不足，还不够深刻。那么，我们接下来看看，不同的群体对质量是怎样理解的。

质量不是虚无的，必须有所依托和附着。可以说，万事万物都有质量。但如果不界定一个范围，我们谈质量就会漫无边际。我们所谈的质量主要是三个方面的质量，即产品质量、服务质量、工程质量，国务院《质量发展纲要（2011—2020 年）》中的质量则主要指这三个质量。这三个质量看似是不同的领域，实际上它们都离不开一样东西，那便是市场。质量高低好坏，需要在市场上交易才能得到衡量。市场交易中的主体主要有质量的提供者（生产者）、购买者（消费者）、第三方，那么，我们从这三个群体的角度，看看他们是怎样看待质量的。

生产者是市场交易中质量的直接提供者。生产者又分为两个层次，一个是直接从事生产的劳动者，一个是生产者的管理层。对于劳动者而言，质量就是严格按照操作规程和一定的标准，专心、细致、精确地从事生产，不马虎、不敷衍了事；质量就是与同事分工协作、密切配合、相互监督、共同生产；质量就是不断实践、不断探索，不断总结生产的经验和方法，逐步改进提升。对于管理者而言，质量好就是做事效率高、细致周全、执行力强；质量好就是管理体系运行通畅，不断提升竞争力；质量好就是不断满足顾客的需求，赢得口碑、占有市场。企业的质量观往往表现在一定的宣传标语里，目前生产者都比较认可的质量观有："精益求精，追求卓越""一次做对、一次做好""企业产品质量人人有责""没有质量就没有销售，就无法生存，就会进入死循环""高品质换来高忠诚、高价格、高信誉""1% 的失误 = 顾客 100% 的失望 = 企业 100% 的失败"，等等。

消费者为了满足某种物质和精神生活的需要会购买产品或服务。对于消费者而言，质量好就是耐用、好用、可靠；质量好就是好吃、有营养、新鲜；质量好就是材料好、结实、美观，功能齐备；质量好就是服务周到，舒服，内心产生很好的体验甚至意料之外的惊喜。如果，我们从需求的层次来分析，会更加理性地看待质量。消费者的需求有物质需求和精神需求之分，对于有初级物质需求的消费者而言，产品要具有实用性，在符合基本性能的同时，还具有安全性、耐用性、可靠性、环保性等，那么他们会认为这种产品的质量好。对于有高级的精神需求的消费者而言，他们追求的不仅是产品的实用性，往往还会关注与产品基本功能和使用性能没有直接关系、但能满足心理需求相关的特性，如产品的美观性和给个人带来的心理的愉悦感。老百姓所体验的质量，可以说就是消费者的质量观。

质量第三方是生产者和消费者中间和媒介，引导生产者提供更高质量的产品和服务，保障和维护消费者的质量权益。其中，最为重要的第三方是政府监管者。对于政府监管者而言，质量好就是对企业进行有效监管，使质量安全得到保障，不发生区域性、行业性、群体性的质量问题和严重质量事件；质量好就是依法维护和保障消费者的质量权益；质量好就是走上质量效益型发展道路，产业质量竞争能力加强，质量总体水平得到提高。此外，质量第三方还有质量专业技术机构、新闻媒体等，对于他们而言，质量好就是要建立市场中良好的质量信号机制，促进生产者不断改进质量，为消费者甄别高质量产品提供客观真实的信息。

可见，在产品和服务的交易过程中，质量的生产者、消费者和第三方承担各自的功能，但有一个共同的目标，那便是促进质量向更好的方面发展。

三、正确认识和理解质量

通过对不同群体的分析，质量的内涵变得更加清晰了。我们意识到，不同的群体从不同的立场和观点，对质量的理解有所差别，但同一群体对质量的理解是趋同的、相近的。但这还没有实现对质量认识和理解的高度抽象、概括和凝练。那么，有没有办法用一句简短而准确的话表述清楚质量的概念？

我们不能忽视一个群体，那便是从事质量研究的专家和学者，他们致力于对错综复杂的现象进行规律性和深层次的理解、把握和诠释。许多质量大师和质量的研究组织都曾对质量进行过科学解释并做出非凡的努力，试图通过一句简短而准确的话把质量的概念表述清楚。

美国质量统计与分析专家休哈特认为质量是产品好的程度。

全面质量管理专家朱兰博士从顾客的角度，指出产品质量就是“产品的适用性，即产品在使用时能成功地满足用户需要的程度[1]”。

“零缺陷之父”克劳斯比从生产者的角度，指出质量就是“产品符合规定要求的程度”。

“现代管理之父”德鲁克认为，“质量就是满足需要”。

全面质量控制创始人费根堡姆认为，质量是营销、设计、制造、维修中各种特性的综合体。

格雷戈里·H. 沃森认为，质量概念的提出说到底源于市场，是市场的力量使产品更新换代，质量是一个实现价值的过程。

日本质量管理学者田口玄一则认为，质量就是产品上市后给予社会带来的损失（由功能本身所产生的损失除外）。

石川馨说质量不仅是指产品质量，从广义上说，质量还指工作质量、部门质量、人的质量、体系质量、公司质量、方针质量等[2]。

从这些质量大师对质量的论述中，可以将质量的定义分为两类：一是产品和服务的特性符合给定的规格要求，通常是定量化要求；二是产品和服务符合顾客期望。[3]第一类定义的代表人物有克劳斯比和田口玄一等。第二类定义的代表人物有休哈特、朱兰、德鲁克、戴明、费根堡姆和石川馨等。可见，符合给定的规格要求（固有特性）和符合顾客期望（满足要求）是质量概念两个重要的方面。

质量专家对质量所下的定义是他们个人对质量深刻把握所得出的结论，有很大的代表性。有些专家提出质量的概念较早，他们的理论不断被后代的学者突破和更新，质量的定义也在不断演化。我们看一下现在比较有影响力的国际标准化组织（ISO）对质量概念的界定，其所提出的质量概念和制定的质量管理体系得到163个会员国家和3368个技术组织的认可。

1986年6月15日，国际标准化组织发布ISO 8402—1986《质量　术语》对质量下了第一个定义，该定义为："反映产品或服务满足明确和隐含需要的能力的特征和特性的总和。"[4]这一定义对质量的界定高度凝练概括，对需要的丰富性和谁提出的需要都没有明确说明，给人们对质量的理解留下了较为宽泛的想象空间。1994年，国际标准化组织又发布ISO 8402—1994《质量　术语》，该标准对质量做出第二次定义："反映实体满足明确和隐含需要的能力的特性总和"[1]。与第一个标准定义相比，这个定义最大变化是质量载体的变化，即把原来的产品或服务换成了"实体"这一表述，实体可以是活动或过程、产品、组织、体系或人，以及上述各项的任何组合。国际标准化组织对质量进行的第三次定义是ISO 9000：2000《质量管理体系　基本原理和术语》："产品、体系或过程的一组固有特性满足顾客和其他相关方要求的能力"。该定义主要体现了三个方面的变化：一是质量的载体由实体变为产品、体系或过程；二是对提出要求的主体说明得更加具体，即顾客和其他相关方，顾客是接受产品的组织或个人，在经济活动中主要体现为消费者、最终使用者、零售商、受益者、委托人和采购方等；三是质量的内涵从之前的实体能力的特性总和，变为产品、体系或过程的一组固有的特性，固有特性的提法是前面两次定义所没有说明的，这是最重要的变化。

对质量再一次做出定义的是2000年12月正式发布的ISO 9000：2000，将质量定义修正为“一组固有特性满足需求的能力”，这是ISO对质量做出的第四次定义。固有特性是指在某事或某物中本来就有的、尤其是那种永久的特性，如物质特性（如机械、电气、化学或生物特性）、感官特性（如用嗅觉、触觉、味觉、视觉等）、时间特性（如准时性、可靠性、可用性）、行为特性（如礼貌、诚实、正直）、功能特性（如飞机最高速度）、人体工效特性（如语言或生理特性、人身安全特性）等。这些固有特性的要求大多是可测量的，这就使得质量特性具有可度量性和可比性，质量才可以使用“好的”“差的”“一般”这样的词汇来形容修饰。定义中所指的“要求”是指“明示的、通常隐含的或必须履行的需求或期望”[5]。其中，“明示的”可以理解为规定的要求，如在文件或合同中阐明的要求或顾客明确提出的要求；“通常隐含”是指企业、顾客和其他相关方惯例或一般做法，所考虑的需求或期望是不言而喻的，如水杯应该可以符合顾客喝水的要求等。当固有特性满足要求的程度越高，我们便可以说质量高，当固有特性不能有效满足要求，我们便可以说质量差。提出需要或要求的主体（顾客、社会和相关方）是不断变化的、永无止境的，因此固有特性需要不断调整变化以满足这种要求，因此质量也是不断发展变化的，在不同的阶段质量的内涵是不同的。国际标准化组织（ISO）质量定义演进见表 1－1。

表 1－1　国际标准化组织（ISO）质量定义演进对比表[6]

标准号	质量载体	质量目的	需要的主体	需要的内涵	质量的内涵
ISO 8402—1986	产品或服务	满足需要	未作说明	明确或隐含的需要	满足需要的能力的特征和特性的总和
ISO 8402—1994	实体	满足需要	未作说明	明确或隐含的需要	满足需要的能力特征的总和
ISO 9000：2000 正式标准	未作说明	满足需要	顾客和其他相关方	要求：明示的、通常隐含的或必须履行的需求和期望	一组固有特性满足需求的能力

随着管理技术和市场的不断发展，对质量科学认识和理解的程度不断加深，质量概念也不断拓展、深化和完善。质量概念的演进主要包括两个方面，一是质量客体的演进，二是质量主体的演进。质量概念中客体的演

进指的是“满足什么要求的质量”，主要经历了三个阶段的演进：第一个阶段是符合性质量，即固有属性要满足标准和规定的要求；第二个阶段是适用性质量，固有特性要满足顾客要求；第三个阶段是满意性质量，即固有特性要让顾客及相关方综合满意，这里的相关方包括股东、员工、供应商及合作伙伴、社会等各方。质量主体主要是指“什么的质量”，从演进过程来看主体的范围不断拓展，可分为四个阶段：主体第一个阶段是产品，是产品的性能、可信性实物的质量；第二个阶段是产品和服务的质量，从产品扩展到包括准时交付、周期时间等服务质量产品和服务质量；第三个阶段是产品、服务和过程的质量，过程质量涉及人、机、料、法、环、测，质量体现了Q（实物质量）、C（成本）、D（交付）、E（环境）、S（安全）的综合质量；第四个阶段是产品、服务、过程和体系的质量，体系质量是管理质量或经营质量，可以是一个组织的经营管理质量，甚至可以是一个跨组织共同体的运作质量。从产品质量到产品、服务、过程和体系质量的主体演进过程，实际上是从“小质量”逐步拓展到“大质量”的过程。

即便如此，我们坦白地告诉大家，这些专家学者、质量组织总结出质量的定义非常不容易，但还没有一个绝对的权威定义，让全世界信服，没有异议。即便是国际标准化组织对质量所下的定义，也并没有被各方完全接受。就像一个明星开微博，只不过有的粉丝多一些，有的粉丝少一些。关于质量的定义，仍然处于百花齐放、百家争鸣的状态。质量的定义还会随着社会的发展和进步而不断变化，质量永恒存在，而又不断给人以崭新的面孔，生动而有趣，这就是质量拥有永恒魅力的重要原因之一。

四、质量意义在于实践与改进

这些国际质量大师和质量组织对“质量”的定义，比较专业，而且站在不同的角度进行描述，其中的差别是显而易见的。这就让我们产生了诸多困惑：大师肯定自有大师的道理，那么谁说得更对一些？我们到底听谁的？

这里举两个例子，一个是大家都很熟悉的苹果手机的例子，一个是海尔老总张瑞敏怒砸冰箱的例子。通过两个实例，与大家共同探讨一下质量的真正含义，以及我们对质量的不懈追求。

先说说苹果成功的故事。苹果公司在几近破产的状况下异军突起，依靠乔布斯团队的超凡能力和独特魅力逐步走上了世界巅峰。2011 年乔布斯去世之后，苹果在库克的带领下延续着昨日的辉煌。2012 年，苹果公司市值达到 6325 亿美元，成为全球市值最高的企业，超过微软、谷歌等后四位公司市值的总和，而苹果在智能手机领域获得了行业总利润的70%，在平板方面则是85%。乔布斯的苹果奇迹，实现了社会价值和商业价值的完美统一，精彩演绎了世界商业史上的神话。

说到苹果，大家往往感情很复杂。一开始是无条件地追捧，然后是颇有微词，尤其是对其独家专用的操作系统、“霸道”牛气的维修服务感到不爽，甚至想弃而不用，但绝大多数人还是在反复权衡之下，继续作为苹果的忠实用户。为什么？因为大家切身感受到，苹果确确实实是个好东西。我们曾经多次探讨苹果成功的秘诀，简要的概括主要有以下几点：

（1）集成创新。说到苹果的创新，其实最准确的表达应该是集成创新。苹果不是个人电脑的发明者，不是数码音乐播放器、平板电脑的发明者。世界上第一台手机是摩托罗拉在1984年上市销售的，触摸屏技术也早已在工程领域广泛应用。据分析，苹果所采用的技术绝大多数并不是苹果公司的原创，他们更多的是把业界已经成熟的技术精选集成。在追求手机功能和用户体验时，苹果手机型号非常单一，没有什么好挑选的，而且其涵盖的功能很实用，总是做到简单再简单，整个面板上只有一个圆形的功能键。苹果总是力求让自己的产品易于使用，抛开一切花里胡哨的东西。如果乔布斯觉得产品的某项功能不是必须的，哪怕已经投入巨资研发，也会壮士断腕，果断抛弃。

(2) 质量标杆。使用苹果产品是一个享受高质量的过程。从第 1 台产品到第 100 万台始终如一、高度可靠的质量一致性，是全球 3 亿多苹果用户无与伦比的良好体验。

乔布斯曾经在不同的场合说质量比数量重要得多，苹果要成为质量的标杆。他说“如果你是个正在打造漂亮衣柜的木匠，你不会在背面使用胶合板，即使它冲着墙壁，没有人会看见。但你自己心知肚明，所以你依然会在背面使用一块漂亮的木料。为了能在晚上睡个安稳觉，质量必须贯穿始终。”[7]

至此，我们也许可以给质量下一个通俗化的定义，一句话，质量就是产品和工作的优劣程度。我们所说的这个质量，它并不要求技术特性越高越好，而是追求性能、成本、服务等因素的最佳组合，即所谓的最适当，包含最大的诚信和极端的认真。这个质量，它包括严格的标准、精准的计量、科学的检验检测、严密的过程控制、完善的质量保证体系。

再说说海尔老总张瑞敏怒砸冰箱的事。1985 年，张瑞敏刚刚到海尔集团的前身青岛电冰箱总厂任厂长。一天，一位朋友要买一台冰箱，结果挑了很多台都有毛病，最后勉强拉走一台。朋友走后，张瑞敏派人把库房里的 400 多台冰箱全部检查了一遍，发现共有 76 台存在这样或那样的缺陷。张瑞敏把职工们叫到车间，问大家怎么办？多数人提出，也不影响使用，便宜点处理给职工算了。张瑞敏说："我要是允许把这 76 台冰箱卖了，就等于允许你们明天再生产 760 台这样的冰箱。"他宣布，这些冰箱要全部砸掉，并抡起大锤亲手砸了第一锤！很多职工砸冰箱时流下了眼泪。张瑞敏说："有缺陷的产品就是废品。"作为一种企业行为，海尔砸冰箱事件不仅使海尔成为了当时注重质量的代名词，而且开启了中国企业开展质量竞争的序幕，标志着中国企业质量意识的觉醒，对中国企业及全社会质量意识的提高产生了深远的影响。3 年以后，海尔人捧回了中国冰箱行业的第一块国家质量金奖；28 年后，获得首届中国质量奖。如今，海尔冰箱已经成为世界冰箱行业中的翘楚品牌。海尔集团已经成长为世界第 4 大白色家电制造商。而张瑞敏当时所用来砸冰箱的锤子已经被国家博物馆收藏，因为这把锤子砸醒了中国人的质量意识。

其实，关于质量的定义，谁说的并不重要，大家也不必一定要听谁的。真正重视，勇于实践，持续改进，不断提升，就像苹果公司和海尔公司对质量的追求一样，这才是我们对质量的应有态度。

五、质量生产需要科学管理

质量是天然生成的吗？质量怎样实践和改进呢？质量由谁来实践和改进呢？有没有科学的可以推广使用的

方式？下面，让我们走进质量发展的历史去看看。

从某种意义上讲，质量不是天然形成的。一方陶土，需要经过许多人的合作加工，需要经过很多加工环节，使用很多的加工工艺，最终才能成为精妙绝伦的高品质的陶瓷产品。而人的生产合作、加工流程和加工工艺等，都需要管理才能实现，否则就是一锅乱炖，窑变不透彻、器型不规整，生产出来的陶瓷粗劣不堪，无法使用，并且还浪费了很多宝贵的资源。

古代中国、巴比伦和印度等国家和文明形态已经开始了一定的质量管理实践，但都不算复杂。这个时期，工人的技能培训是通过“师傅带徒弟”的方式进行，工人既是生产者又是质量检验者，检验的标准是依靠经验，靠手摸、眼看等感官估计和简单的度量衡器测量而定，可以称为“质量自我管理阶段”。真正的质量管理始于近代工业革命，因为从这个时期开始，生产变成规模化、批量化、工业化、机器化的生产。生产的复杂程度、分工的精密程度、产品的丰富程度，都是前所未有的。这就对产品质量提出了新的课题，因为一旦某一批产品出现质量问题，生产商将会蒙受巨大的损失。传统的对待质量的方式已经不能适应新的生产需求，因此，机器工业生产取代了手工作坊生产之后，现代意义上的质量管理理论和方法应运而生。

进入工业化时期，人们对质量管理的理解还只限于事后的质量检验。质量检验主要依靠工人的实际操作经验，方式是产品生产出来之后严格把关，进行百分之百的检验，如在英国工业革命时代便采取这种方式。1918 年前后，美国出现以泰勒为代表的“科学管理运动”，提出应该对企业员工进行科学分工，提出有的部门专职制定标准，有的部门负责生产制造，有的部门负责按照标准检验质量，于是执行质量管理的责任就由操作者转移给这些部门的工长，这被称之为“工长的质量管理”。但是这种“事后检验把关”，无法在产品生产过程中起到预防、控制的作用，而且百分之百的检验工作量大、涉及面广、耗费资源、增加成本，不利于生产效率的提高。更加突出的问题表现在，很多情况下废品已成既定事实，损失无法挽回，例如一些特殊类型的产品，如相机胶卷，如果要检验质量就必须曝光成像，事后的百分之百检验无法实现。

经过一段时间实践后，人们意识到质量不是事后检验出来，需要对这一方法进行突破，于是一种新的质量管理方法随之诞生，那便是 20 世纪 20 年代的质量统计和控制的方法。彼时，美国的一些数理统计专家和质量管理专家将质量控制从事后转向事前，从单纯的检验转向统计方法的运用。1924 年，美国贝尔实验室的工程师休哈特把概率论和数理统计理论应用到质量管理之中，提出了控制与预防缺陷的概念，并发明了具有可操作性的“质量控制图”。之后，贝尔实验室的道奇和罗米格设计了可实际使用的“抽样检验表”，提出了抽样检验法，克服了全数检验和破坏性检验所存在的弊端。这一新的质量管理方法最初没有被接受，后来第二次世界大战时期美国政府运用该方法，制定了三个战时质量控制标准，所制定的指南和控制图，在战备物资生产的质量控制上起到很好的效果。第二次世界大战之后，质量统计和控制的方法，得到广泛运用。但这一方法经过长时间运行之后，弊端也开始显现，因为数理统计方法比较深奥，一般的生产和管理人员难以掌握，他们认为质量管理是数理和质量控制专家的事情，与他们没有关系，参与的积极性不高，产品质量问题仍旧突出。

20 世纪 60 年代，大家已经意识到单纯靠质量工程师来控制质量并不可靠，质量不是统计出来的，而是生产出来的，需要每一个工人和管理者参与其中，于是一种全面质量管理的理论和方法开始诞生。1961 年，美国通用电气公司质量经理费根堡姆《全面质量管理》一书出版发行，该书中提出质量管理需要企业全体员工的参与和共同承担，他提出：“全面质量管理是为了能够在最经济的水平上并考虑到充分满足用户要求的条件下进行市场研究、设计、生产和服务，把企业各部门的研制质量、维持质量和提高质量的活动构成为一体的有效体系。”[8]费根堡姆主张，将数理统计和组织管理结合，将质量与生产成本结合，每一个生产环节都纳入质量管理等。但是全面质量管理的理念在美国并没有得到很好地推行，反而因为戴明、朱兰等人在日本大力推广而在日本落地生根。日本各界在全面质量管理中看到了希望，他们将这种方法与生产具体实践相结合，将全面质量管理进一步发扬光大，这也被认为是日本在第二次世界大战后迅速成为经济强国的重要原因。从20世纪70年代起，日本的全面质量管理在世界上备受推崇，甚至回笼到美国，在美国引起巨大反响。全面质量管理比较复杂，如果概括地说，其核心理念在于“三全一多”，即全过程的质量管理，全员的质量管理，全企业的质量管理和多方法的质量管理。

全面质量管理的观点在美国提出、在日本得到全面应用取得成功后，全球范围内获得广泛传播，各国纷纷结合自己的实践有所创新发展，将其运用到本国企业中后，产品质量得到有效的提升。全面质量管理融合了现代学科的理论，把技术管理、行政管理和现代经营管理方法结合起来，是一种综合的、多元的方法和理论。目前广为盛行的ISO 9000族质量管理标准、美国波多里奇国家质量奖、欧洲质量奖、日本戴明奖等各种质量奖以及卓越绩效模式、六西格玛管理模式等，都是以全面质量管理的理论和方法为基础的。世界质量管理方法的演进见表1－2。

表 1-2 世界质量管理方法的演进

时间	质量管理方法	控制阶段	责任主体
20 世纪初~30 年代	质量检验	事后检验阶段	检验员
20 世纪 40~50 年代	统计质量控制	事前检验阶段	数理统计专家
20 世纪 60 年代以来	全面质量管理	事前事中事后全过程	全员参与

第二次世界大战以后特别是 20 世纪 80 年代以后，世界经济一体化和全球化的趋势逐渐显现，商品和服务国际贸易服务和流动愈加频繁，质量问题不仅存在一个国家或地区内，而且成为全球性的共同话题，如假冒伪劣产品在全球范围内的广泛流动并产生较大的社会影响。同样，在国际分工越来越紧密的情况之下，一个企业生产的劣质产品，会在全球范围内产生巨大影响。如丰田汽车公司一向以创造质量神话而著称，但 2009 年和 2010 年因车内脚垫干涉油门踏板及油门踏板回位不良等原因，不得不宣布在全球范围内召回共计 1000 余万辆汽车，自身发展因质量问题而受到严重影响。而在一个国家之内，产品质量水平的高低不仅取决于一个企业的质量控制能力，而且取决于整体的社会环境和氛围。如果一个社会的不诚信和不道德行为泛滥，会降低企业生产高品质产品的动力。

因此，质量不仅仅是一个企业或组织内部生产的事情，而是全社会的事情。质量管理不仅是微观的，还是宏观的，一种新的质量管理理论——宏观质量管理——

被提出并受到广泛认同。在中国，武汉大学质量发展战略研究院程虹教授等在此方面做出了很多探索，宏观质量管理或者质量治理将会成为未来新的发展方向。

最后特别指出一点，这些不同的管理方法和手段并不是彼此替代的关系。质量检验的方法在当下的企业中仍旧在使用，只不过不再进行批批检验（特殊产品除外）；质量统计和控制的方法被吸收到全面质量管理的理论之中，只不过已经可以让更多的人来掌握和使用。这也是质量的魅力所在，管理手段和方法在不断更新和提高，以更科学、更便利的方式出现。

通过对质量管理几个历史阶段的回顾，我们会看到质量从来就不是天然形成的，质量需要管理，而质量的管理绝非一蹴而就，而是需要不断探索的。随着人们对质量理解的逐渐深刻，质量管理的理论、方法和手段也不断更新。这就是质量的魅力，吸引人们勇于探索，而永无止境。

第二章　质量是永恒的主题

质量作为一种文化和理念渗透到社会生活的各个方面。特别是在全球经济一体化、科技日新月异高速发展的今天。正如朱兰博士所说“20 世纪是生产力世纪，21 世纪是质量世纪”，可以说谁掌握了质量，谁就掌握了市场。对卓越质量的追求，是人类永恒的主题，它已经超越国界、超越文明形态、超越历史时代、超越人物群体，伴随人类始终，成为全社会和全世界的不懈追求。

一、质量超越文明形态

我们首先要说的是质量超越文明形态，在不同地域发展起来的文明模式都在追求质量。众所周知，世界有四大古文明，即古埃及文明、古巴比伦文明、古印度文明、古中国文明，在四大文明的发展过程中，质量都是重要的追求目标。

古巴比伦国王汉谟拉比（约公元前 1792—1750 年在位），曾经颁布名为《汉谟拉比法典》的法律汇编，这是世界上第一部完整保存下来的成文法典。法典中有这样的规定："如果营造商为某人建造一所房屋，由于他建造得不牢固，结果房屋倒塌，使房主身亡，那么这位营造商将被处死。"[9] 在公元前 18 世纪，古巴比伦文明已经利用法律在约束建筑商，确保工程质量。

古印度同样也有一部法典——《摩奴法典》，是婆罗门教用来规范伦理的法论，托名印度教创立始祖摩奴所作，成书时间约为公元前 2 世纪至公元 2 世纪。该法典在质量方面有诸多规定，如手工业生产应有一定的卫生标准："技工的手工作时常是净的，为出卖而陈列的商品亦然；给予乞食学生的食物绝不受污染：这是规定。"禁止掺杂使假、以次充好、缺斤短两，"不可将掺有其他物品的任何商品，充作质量好的商品出卖，或者，出卖小于议定分量的商品，不在手头的商品或隐瞒其缺点的商品"，买卖双方拥有 10 天的反悔权，"买卖一件有固定价格且经久不坏的东西，如土地或金属等，后又有反悔者，可在十天以内归还或者取回该物品。"[10]

相比于古印度和巴比伦文明，古埃及存世的完整的文献较少，其文明历史主要是通过文物遗迹的考古所重构的。谈到埃及，不得不说埃及金字塔。金字塔是古埃及法老（国王）为自己所修建的陵墓，是权力和等级的象征。其中，最大、最雄伟的一座是第四朝法老齐阿普斯所建的胡夫金字塔，塔高达 146.59 米，大致与 40 层楼的大厦一样高。塔底每面长 230 米，共计占地大约

52 900平方米。塔身是用230万块巨石堆砌而成，大小不等的石料重达1.5吨~160吨，塔的总重量约为684万吨。建造塔面所用的石头经过细工磨平，彼此之间使用叠砌法建造，缝隙密合，不用泥灰，即使用很薄的刀子往里插也很难插进去。经过四五千年的历史风雨，至今仍有一百来座金字塔散落在尼罗河两岸，这不能不说是人类历史上的建筑工程质量奇迹。

中国社会的发展犹如一条蜿蜒的长河，奔流不息，经历各种波澜。这其中，中国人对卓越质量的不懈追求也是永恒的主题之一。在中国文明的早期，中国人同样开始了质量的追求。

远在石器时代，我们的祖先就有了朴素的质量管理意识，当时对于石器所用的石料进行精挑细选，石器按照不同的功能和用途进行制作，并且对加工出来的石器还要进行简单的质量检验，检验是否已经达到生产的要求。远古时代，在食物方面，采集者必须了解哪些种类是可以食用的、哪些是有毒的、哪些是经过加工之后才能食用的；在工具制造方面，猎人必须了解哪些树是制造弓箭最好的木材，这些木材在什么时间最适宜加工；在生产加工方面，手工业者必须了解哪些原材料是最适合烧制陶器的。在不断探索之中，人们日积月累的质量思维、质量观念、质量知识得以孕育、诞生并走向成熟，而且通过技艺的传授和习惯一代又一代地流传下来。

人类社会的基本组织形态，逐渐从部族、聚落，逐渐发展到家庭和村庄。慢慢地出现了专业化的分工，继而出现商品交易的集市。在生产加工的过程中，不同的生产者要相互配合进行劳作，特别是陶器、青铜器等器具的生产，由于环节多、技术复杂，人们的质量知识和质量管理的经验得到积累和发展。在集市上，人们相互交换各自所拥有的产品（主要是采集物和根据天然材料所加工的制成品）。产品制造者直接跟顾客打交道，产品的质量由人的感官和经验来判定，生产者需要不断满足集市上消费者的质量需求。

从奴隶社会开始，中国进入文明时代。《礼记》记载了周朝对食品交易的规定，其内容是五谷与水果不成熟的时候，是不允许贩卖的，即所谓“五谷不分，果实未熟，不粥于市”。这大概是我国历史上最早的关于食品质量的记录。《考工记》，是周朝关于各种器具制作标准及工艺规程的具体规定，是一部正式的官方标准。值得一提的是，书中有数条是关于生产过程中出现残劣次品不得流入市面的规定。《考工记》开篇便写道：“审曲面埶，以饬五材，以辨民器。”所谓“审曲面埶”是对当时手工业产品作类型和规定的设计；“以饬五材”是确定所用的原材料；“以辨民器”是指对生产出的产品要进行质量检查，合格才能使用。从上述典籍来看，周代对市场上商品的质量是相当重视的，这不仅促进了当时商品经济的发展，也为后世的质量管理奠定了基础，树立了典范。

二、质量超越历史时代

中华民族追求质量的历史久远。中国古代无论在科学技术还是产品质量上都长期处于世界领先地位，是世界上最先进的国家之一。现在我们所熟知的越王勾践剑是当时最负盛名的宝剑之一，经历了千年历史尘封，至今依然锋利如初，可见我国古代的青铜制作质量和水平之高。闻名中外的长城、富丽堂皇的故宫、简约精致的赵州桥都向世界展现了“中国制造”的质量之美。丝绸、茶叶、瓷器等源源不断地通过陆海丝绸之路运往世界各地，从一个侧面说明中国是当时全球产品质量一流的国家。

春秋战国时期各国纷争，因地域文化和经济发展有很大差别，导致中国的度量衡没有一个统一的标准，各诸侯国的计量器具、量值单位均不相同，制定了不同的计量单位和不同的计算进制。秦统一六国后，为了促进国内的经济交流和发展，丞相李斯上奏皇帝，建议废除六国旧制，将度量衡统一起来，得到了秦始皇的首肯。公元前 221 年，秦始皇颁布《一法度衡石丈尺》诏书，规定依秦制统一全国度量衡，把度制以寸、尺、丈为单位；量制以升、斗、桶为单位；衡制则以铢、两、斤、钧、石为单位。为了有效地统一制式、划一器具，度量衡器的生产由官府遵诏书负责监制，民间不得私造。[11]秦律还规定了量器误差限度，《工律》规定：有关官吏每年至少要检查校正一次度量衡，允许有误差，但误差不能超过4‰。如一石误差不许超过8两，否则主管官吏要受罚1盾；如果超过16两，则罚一甲。凡制造度量衡器，均需铸刻诏书全义，一般为四十字："廿六年，皇帝尽并兼天下诸侯，黔首大安，立号为皇帝。乃诏丞相状（隗状）、绾（王绾），法度量则不一歉疑者，皆明一之。"[12]至此战国以来度量衡制不一的局面得以结束。两千多年来，无论朝代更迭，这种计量方法几无更改。甚至时至今日，我们的生活当中依然还有它的身影。

先秦时代，《礼记·月令》记载："物勒工名，以考其诚，工有不当，必行其罪，以究其情"。意思是说在产品上刻上工匠或工场的名字。同时，政府中还设置了负责质量监督的官职——"大工尹"，目的是对制造的产品质量进行考核，如质量不好就要处罚和治罪。战国时代秦国宰相吕不韦，正式提出"物勒工名"，这实际上是为产品质量进行检测监督而建立的质量负责制。经过四年多的不懈努力，秦国率先在本土实行。国家于每年十月份对各郡、县手工业产品进行质量抽验。同时，还将各郡、县制造手工业产品用的衡器、容器等，由"大工尹"统一进行年审，凡不符合标准的，不得使用，以保证产品质量能“功致”。当时的手工业产品主要是兵器、车辆等。

战国时代，随着各诸侯国逐步进入封建社会，战事日益激烈。冷兵器时代兵器的质量是决定战争胜负的关键因素之一，因此官府对兵器的质量管理就十分严格。商鞅变法期间，把弓箭分三类，并选择材料，以柏为上乘，对弓体本身的弹射力、射出距离、速度等，以及对箭上的羽毛及其位置都有具体规定，而这些规定是根据实战经验总结得来的。秦国能统一六国，与其相对完备的军械质量管理制度密不可分。

《史记·秦始皇本纪》：“一法度衡石丈尺，车同轨，书同文字。”这段话记载了大家都十分熟悉的、流转千年的质量故事——秦始皇统一度量衡。这是中国古代史上第一次全国规模的政府质量管理活动，是一次影响极为深远的伟大的质量建设运动。秦代度量衡的统一为提高产品质量奠定了基础，反映出我国古代对产品质量所做的积极努力。“书同文”使中国文字不混乱，而“车同轨”则至今都是铁路、公路建设秉承的原则之一。从某种意义上说，秦始皇作为中国古代的第一位“质量标准大师”，实属当之无愧。

此后历代封建王朝，对产品质量都非常重视。官府监造的产品一般都由生产者自我检验后，再由官方派人复核验收。汉、唐、宋、明、清各朝，相关法律对产品质量不合格行为的处罚措施都比较严厉，处罚的种类也比较多，如笞刑、没收、罚款等。官员对产品质量监管不力，则会受到降职、撤职、流放等处罚。古人的质量意识已经有了系统化、规范化和法制化的雏形。

到了近代，社会已经发生了翻天覆地的巨变。国民政府颁布了多部关于质量的法律法规。在《中华民国质量管理暂行章程》中，就详细规定了生产厂家在产品的原材料选择、生产加工环节、出售品级等方面的要求，从源头上保证产品的质量可靠。当时的鸿生牌火柴就堪称典范。

1920 年 11 月，上海商人刘鸿生创办“鸿生火柴公司”。工厂技术人员对于产品质量精益求精，生产的鸿生牌火柴头大，发火快，火苗白，磷面经久耐用。此后，他们又对生产技术进行多次改进，火柴质量一再提高，鸿生火柴成为众口一词的名牌产品，不但在国内成了抢手货，还畅销东南亚各国。

钱塘江大桥是近代卓越工程质量的最佳代表之一。1937 年钱塘江大桥建成后，当时的国民政府交通部咨询茅以升先生：此桥质量如何？“保 50 年没有问题！倘若出现质量问题，我和罗英（钱塘江大桥直接负责人）就从桥上跳下去！“茅先生胸有成竹地说。用生命来保证自己建造的钱塘江大桥的质量，在当时轰动全国。作为我国自行设计和建造的第一座双层式公路铁路两用特大桥，钱塘江大桥一直在刷新安全行车的纪录，50 年的设计寿命期早已过去，大桥至今已超龄服役 28 年，如今依然伫立在钱塘江潮头，巍然不倒。战争时期，这座桥的桥墩被炸过三次，但至今仍能正常使用。著名科学家钱三强先生曾这样评论：这是一座炸药不放对位置都炸不掉的桥！可以说，正是茅先生在建造这座桥时追求最高质量的理念，才赋予了这座大桥延续至今的旺盛生命力。

三、质量超越人物群体

人生而好质量，从一出生开始便喜欢使用高品质的产品。质量可以超越不同的群体、不同的职业、不同的人物，下至贩夫走卒、引车卖浆之徒，上至王公贵族、士子文人，莫不对质量孜孜以求。

战国时期还有一个名叫“丁”的厨师。他掌握了产出高品质牛肉的技艺，探寻到了好质量的创造规律，这就是著名的“庖丁解牛”的故事。他起初宰牛的时候，眼里看到的是一只完整的牛；三年以后，只看见一个虚体的牛，就是只看见怎么样去解。到了最高境界的时候，不用眼睛去看牛，只凭精神和牛接触，精神在活动而感官却停止。依照牛生理上的天然结构，将刀砍入牛体筋骨相接的缝隙，顺着骨节间的空处行刀。技术好的厨师每年更换一把刀，技术一般的厨师每月就得更换一把刀。而庖丁一把刀用了十九年，所宰的牛有几千头了，但刀刃依旧锋利，就像在磨刀石上刚刚磨好的一样。

魏晋时期，有个文人叫刘伶，是竹林七贤之一。竹林七贤是因为这七个文士经常在竹林之下吟诗畅游而得名。刘伶对高质量的美酒嗜之如命，著有一篇千古名文《酒德颂》，文中称："有大人先生者，以天地为一朝，万朝为须臾，日月为扃牖，八荒为庭衢。行无辙迹，居无室庐，幕天席地，纵意所如。止则操卮执觚，动则挈榼提壶，唯酒是务，焉知其余?"后世还流传刘伶和杜康美酒的故事，说的是刘伶路过杜康酒坊，看到门口有对联："猛虎一杯山中醉；蛟龙两盏海底眠"，横批写着："不醉三年不要钱"。对于爱好高品质美酒的刘伶来说，这无疑是宣战。刘伶就进去喝了三碗，结果一回到家就醉了。三年后，刘伶才酒醒过来。杜康酒因此而赢得美誉。

唐代大诗人杜牧，曾经作过一首诗《过华清宫绝句》。"长安回望绣成堆，山顶千门次第开。一骑红尘妃子笑，无人知是荔枝来。"短短的二十八个字既表达了自己游览华清宫时的感触，更道出了唐玄宗所宠幸的杨贵妃追求高品质生活的故事。《新唐书·杨贵妃传》记载："妃嗜荔枝，必欲生致之，乃置骑传送，走数千里，味未变，已至京师。"说的是杨贵妃喜欢吃荔枝，而在古代技术有限，荔枝的保质期很短，特别容易腐烂。因此，唐玄宗令差官骑驿马，千里传送，很多马匹累死在传送的路上。而经过千里路程，荔枝到达长安时质量仍旧完好，味道依旧新鲜如初。当然，这则故事显示的是统治阶级对质量的穷奢极欲的追求，然而这样的例子在古代社会并不少见，统治阶级特别是王公贵族为了追求高质量的产品，往往不计较成本和人工，花费奢靡。

人们对低质量的物品嫉恶如仇。明代文士和谋略家刘基《卖柑者言》一文中称，杭州有个卖水果的人，很会贮藏柑子，经历一年也不腐烂。拿出它来，依然光泽鲜亮，玉石般的质地，黄金似的颜色。放到市场上，售价高出十倍，人们争相购买。刘基买回去后把它剖开，有股烟尘扑向口鼻，里面则干枯得像破棉絮一样。刘基斥责商贩骗人，对方却说，看看那些坐在高敞的厅堂上，骑着高头大马，喝足了美酒，吃饱了鱼肉的人，哪一个不是令人生畏、威严显赫呢？可是无论到哪里，又何尝不是外表像金玉、内里像破絮呢？这虽然是一则寓言故事，但是对于徒有外表，没有使用价值的产品，每个人都是从内心极力排斥的。

四、质量超越国界疆域

人生下来处于一定的组织之中，可能属于一个家庭，一个工作单位，生活在某一个城市，具有某种身份，隶属于某一个国家。无论人在哪一个层级的组织中生活或工作，质量始终贯穿其中。质量不但超越了时间，超越了人物群体，质量还超越了组织和单位，更超越了国界和疆域。

1. 英国

在工业革命之前，产品质量主要由工匠和手艺人自己把控。现代质量的起源是工业革命，工业革命的起源地是英国，瓦特发明蒸汽机、哈格里斯夫发明珍妮纺纱机等一系列重大发明，极大地提高了劳动生产率，从而诞生了现代工厂。随着时代的发展，作为世界上第一个工业化国家，英国经济长期居于欧洲和世界的领先地位，尤其是在19世纪上半叶，英国的工业在世界上几乎居于垄断地位，主要工业品的产量遥遥领先于其他国家，号称“世界工厂”。1840年，英国的工业生产占全世界的45%。工业革命后期，出现了科学管理，产生了第一批质量检验员。随着大生产取代手工作坊式精雕细刻，工业革命后的英国出现大量产品掺假问题，尤其是食品行业的掺假问题，严重影响了人们生产生活和英国海外贸易的声誉。1860年，英国正式出台了历史上第一部食品安全法律《食品及饮品掺假法》，并于1872年再次作出全面修订。这部法案首次将食品掺假纳入到法律管辖范畴，标志着英国已从政府的层面关注产品质量，质量的发展进入一个全新的政府监管和保障的阶段。如今，英国的大学、香烟、红茶等都已成为高质量的代名词。

2. 法国

法国人追求精致的质量文化，法国产品以其时尚、优雅、精致、新潮等特色风靡全球，法国的葡萄酒正是其中的突出代表。如今法国的葡萄酒名庄仍然坚持着严格的葡萄酒酿制工艺，推崇手工劳作，在年份不好的时候，甚至不推出正牌酒，以保证它的“金漆招牌”。为保护葡萄酒行业发展，法国为此设立了原产地命名控制（AOC）名号标签，如今已扩展到了农产品、食品和木材制品等领域，成为显示产品的质量和真实性的标识信号。法国对质量发展的最重要贡献是首创了国际公制，即米制。1875 年 5 月，法、德、美、俄等十七国在巴黎签订《米制公约》（Metre Convention），一致公认米制为国际通用的计量制度，同时将负责国际计量事务协调的国际计量局设立于巴黎。米制主要单位规定如下：长度主单位为米，质量主单位为千克（公斤），容量主单位为升。

3. 德国

18 世纪后期，德国还是落后的农业国家，国家分裂，生产力低下。直到 19 世纪德意志统一，不甘落后的德国重金聘请英国等国的熟练技术工人，主动向以英国为首的先进国家学习。但是在很长一段时间内德国没有自主知识产权、没有创新性，只能仿造英法的产品，廉价销售，冲击市场，“德国制造”甚至一度在国际市场上成为假冒伪劣的代名词。随着第二次工业革命的开始，德国抓住了这一难得的发展机遇，大力发展科学技术，质量上严格把关，设计上敢于创新，最终使“德国制造”转变为高质量和高信誉度的代名词。著名的克虏伯大炮就是当时德国军工产品质量的标志，李鸿章在参观了克虏伯公司之后，对德国青睐有加。从那以后，中国陆军开始学习德国，军火采购的中心也逐渐移向了德国。克虏伯大炮开始一尊接着一尊地漂扬过海运到中国，成为了中国国防装备的骨干，在中法战争、甲午中日战争、八国联军侵华战争等中国近代的重要战争中随处可见克虏伯大炮的身影。及至民国建立，已经在中国的国防战线上服役了几十年的克虏伯大炮老当益壮，依然活跃在军阀大战、抗日战争的战场中。“八一三”淞沪大战，吴淞炮台上的士兵就是操着克虏伯大炮抗击日军，克虏伯大炮质量之好可见一斑。[13]20 世纪 50 年代，德国实施“以质量推动品牌建设，以品牌助推产品出口”的质量政策，使得德国制造业在战后迅速崛起。2008 年，英国首相布莱尔向德国总理默克尔讨教，为什么德国在金融危机中受到的冲击最小，默克尔回答：“德国制造”。2014 年 3 月29 日，在德国杜塞尔多夫出席中德工商界举行的招待会上，习近平总书记说，中国需要“德国质量”，德国发展离不开中国市场和“中国速度”。哲学思维、严谨作风、良好教育、规则意识、契约精神，是德国质量的五大基石。[14]

4. 日本

日本人擅长学习，他们通过吸收国外的先进成果，再根据本国优势在国外产品的基础上加以改进，将他国优势和长处与自身的历史文化完美结合，形成了其特有的质量文化。1871 年，日本天皇派遣一支近百人的政府使节团前往欧美各国考察。使节团中包括 49 名明治高官，这个数字几乎是当时政府官员总数的一半。为了支撑这次庞大的出行，明治政府拿出了当年财政收入的 2%。在一年零十个月的时间里，他们考察了 12 个欧美国家，写下了长达百卷的考察实录。政府投入之大，官员级别之高，出访时间之长，在日本乃至亚洲国家与西方世界交往的历史上，都可称得上是一次前所未有的行动。[15] 从此，日本下决心学习西方，脱亚入欧。20 世纪 60 年代，日本提出“质量救国”战略，把美国人戴明奉若神明，如饥似渴地钻研全面质量管理的精髓，取得了丰硕成果，并将日本在世界上第一个设立的国家质量奖命名为戴明质量奖。在戴明的质量理念体系基础之上，日本创新性地提出 5S、精益管理、QC 小组等质量管理方法，为世界质量管理作出了自身的贡献，也产生了一大批杰出的质量大师（如山口玄一、石川馨），以及丰田、索尼等世界级的品牌，有力地支撑了日本经济快速发展，成为世界总量第三的经济大国。世界著名质量管理专家朱兰博士评价说，日本的经济振兴是一次成功的质量革命。德国和日本都是在二战的废墟上崛起的。这背后一个不可忽视的支撑就是质量，这已经成为他们的民族精神。

5. 美国

美国的质量管理经过了上百年的发展，现已形成独具特色的质量管理思想、质量管理组织制度和质量管理方法，被称为美国质量管理模式。在19世纪末，美国经济高速发展，资本家们全力追求利润而将产品质量问题抛诸脑后，尤其在食品药品生产领域最为显著。针对当时食品药品无一不假的严峻局势，以罗斯福、维利和辛克莱为代表的美国社会各界人士通过各种形式揭露社会弊病，推动颁布全国性监管法律矫正弊端，美国食品药品管理局应运而生，确立了国家的监管权威。到了20世纪80年代，日本产品大举进军美国，冲击美国“世界第一”的地位，美国人开始发出“假如日本能，我们为何不能”的疑问，重新向日本学习质量管理，风靡日本的戴明质量管理思想回炉美国，通过实施《质量提高促进法》、开展强化质量意识运动、批准设立国家质量奖等一系列手段，美国在汽车、半导体等多个产业领域重夺世界第一宝座。美国更是首创卓越绩效管理模式，成为全球质量奖的通行标准。

工业革命之后，现代质量管理应运而生。西方主要工业国家在现代质量管理领域走在了世界的前列。以上几个国家走进现代工业文明的时间先后不一，地理分布不同，历史渊源、文化传统、宗教信仰也各不相同。但是，在它们发达的工业进程背后，有一个共同的、不可或缺的支撑因素，那就是对卓越质量的不懈追求，这种追求并非一蹴而就，而是经历了长期的探索和改进，它离不开政府的监管，更离不开全民参与和同心协力。

五、质量伴随人类始终

质量始终与人类成长和文明进步紧紧联系在一起。在人类进化过程中，劳动、火的使用、穿衣是三个有标志意义的事件，它们推动了质量意识的启蒙和人类由低级走向高级的进步。

1. 劳动与生产质量

恩格斯在《自然辩证法》中对政治经济学家的学说进行概括："劳动是一切财富的源泉。其实劳动和自然界一起才是一切财富的源泉，自然界为劳动提供材料，劳动把材料变为财富。它是整个人类生活的第一个基本条件，以致我们在某种意义上不得不说：劳动创造了人本身。"[16]劳动在创造人本身的同时，也创造了质量。劳动的过程，就是通过劳动工具把劳动对象变成劳动成果的过程。人们在认识劳动工具、劳动对象、劳动结果的过程中，自然而然地产生数和质的概念，这就是质量观念的萌芽。人类的劳动不是个体的劳动，而是群体劳动，这就产生了劳动协作关系，产生了标准化的需求。人类的脚步迈进工业化社会的门槛，就直接催生了现代质量管理的起源。今天的人类劳动是全球范围内的社会化大生产，它产生了对计量、标准、认证认可的强大需求，促进了现代质量的繁荣。

2. 火与生活质量

从远古时代起，自然火对生态环境的变化就已经有了十分重要的影响："一场大火过后，原始人在从灰烬里寻找食物的过程中发现，火虽然是可怕的，但靠近它时又可取暖。这一意识的发生可以说是人与动物区别开来的一个重大分界线，正是意识到火可以取暖，人类才产生了保存火种的意识。原始人开始将自然火种带回洞穴中保存起来，人类对火的利用也就从此开始了。"[17] 火使人类可以吃到烧熟的食物，能够取暖和驱赶野兽，火的使用是人类文明史上的里程碑。火极大地改善了人类的生活质量。人类对生活质量的不断追求，正是质量发展的不竭动力。古代上层社会对丝绸和瓷器的热爱，促进了品质的不断提升，使之成为中国古代文明的重要标志。今天，人们对美好生活品质的向往，已经成为技术进步和品质提升的引领。产品质量之间的竞争，就是对人们生活品质满足程度的竞争。

3. 穿衣与文明进步

人类开始穿真正意义上的衣服，被认为是人类进化史上的重大事件。人类学家们认为，从身裹兽皮等发展到穿经过剪裁和缝纫的衣服，是人类文明的一大进步，是精神上的质量追求。衣服的功能从保暖、到遮羞、到打扮自己。衣服从简单到丰富，反映了人类审美意识的从无到有。今天的衣服丰富多彩，不一而足。从穿衣的变化可以看出人类精神生活的丰富和发展。人类精神生活的丰富是一种更高层次的质量，它意味着一个人具有健全的人格、丰富的知识、良好的心态、高尚的品德、健康而高雅的趣味。在今天的社会，要像重视物质质量一样重视精神质量，这是质量人更高的使命。要建设和传播质量文化，通过文化的力量渗透到人们内心最深处，涓涓细流，汇聚成川，自觉地共同创造有质量的生活，高质量的社会。

在生产、生活、思想层面追求质量，是人之所以为人的重要标志，是人与动物界的根本分水岭。人类追求更高效率的生产方式，更高品质的生活方式，更高文明程度的精神生活，构建了宏大的人类文明发展史。

通过上面的三个层次分析，我们可以看到，质量是人类社会的永恒追求，不分文明形态、不分历史时代、不分社会群体、不分国界和疆域，质量与人类社会伴随始终。我们可以据此推论，质量是人类永恒的主题。

第三章　中国质量现状

英国文豪狄更斯1859年的小说《双城记》里开头有一句话“这是一个辉煌的年代，也是一个糟糕的年代”。用它来形容中国当今的质量现状倒是很贴切。

一、中国质量的辉煌

说辉煌，改革开放以来，我国一直把提高经济增长的质量和效益摆在十分重要的位置。1993年9月，《中华人民共和国产品质量法》正式实施。1996年国务院制定《质量振兴纲要》，2012年又出台了《质量发展纲要(2011—2020年)》，国务院办公厅每年都印发行动计划。2013年5月，国务院出台对各省级人民政府质量工作考核办法，这是我国质量工作的一次历史性突破。以发布《质量振兴纲要》为标志，二十年来，我国产品质量整体水平有了较大提升。国际质量科学院院士、中国工程院院士、中国质量之父、中国质量奖获得者刘源张认为，“改革开放30年来，中国产品在质量的总体水平上是稳步提高的。就国家产品质量监督抽查的数据而言，较

1978年（73%）提高了8个百分点”。譬如原材料和装备类产品、有色金属和石化行业产品，标准和实物质量已与国际水平接轨，机床、发电机等已经赶上国际先进水平，消费类产品质量和档次大幅度提高，家电产品达到国际先进水平；高新技术类产品性能显著提高，通信网络设备、新一代移动通信、数字音频视频、新型显示器等产品的主要功能和性能达到国际先进水平——质量合格率达到99.5%以上。”[18]（中国的产品质量监督抽查很严格，不只是产品的性能，甚至于产品的包装和标识上有问题也判为不合格）。

建国以来，经过六十多年的发展，中国产品的质量水平不断提升，对外出口产品的种类不断增加、数量屡创新高。特别是加入世界贸易组织以来，中国产品出口按照年均18.3%的速度增长，进口按照年均17.6%的速度增长，远高于同期世界出口8.9%的平均增速和进口9.0%的平均增速。与入世之初相比较，中国货物出口额增长了4.9倍，货物进口额增长4.7倍。如今中国国内生产总值总量已经跃居全球第二，是世界第一大出口国，第二大进口国（据国际货币基金组织的数据，中国早在2009年就已经成为世界第1的出口大国，当年出口金额为1.2万亿美元。2013年，中国仍然是第一出口大国，出口规模达到了2.2万亿美元。这个统计口径是按照销售额而不是增加值的口径计算的。）[19]。十年间货物贸易进出口规模从2001年的5098亿美元增至2014年的4.3万亿美元，增长7.4倍。目前，中国工业产品产量居世界第一位的有220种，中国工业产品出口结构不断优化升级，中高端产业国际竞争力持续增强。在电工电器、高精密机床、工程机械、重型矿山等行业的出口产品中，成套设备、高附加值的产品占较大比重。作为一个全球货物贸易大国，中国正崛起于世界舞台，为全球消费者提供了大量质高、物美、价廉的商品，自身经济实力也不断增强。

二、中国质量的问题

在看到中国质量辉煌的同时，我们也应看到中国质量仍旧存在的一些问题，主要表现为产品质量不高、国际质量竞争处于弱势地位、质量安全事件偶有发生。

中国产品质量不高导致资源的浪费，也抑制了消费需求。2014年，国家质检总局组织开展了5类14种电子商务产品质量国家监督抽查，抽样合格率仅为73.99%。2012年工业国内总产值为19.97万亿元，如果按近10%的产品不合格率推算，其质量损失将达到2万亿元，这些不合格产品浪费了大量的宝贵资源。另一方面，中国产品质量问题导致无法释放有效的国内需求，起不到拉动我国经济发展的作用，消费者转而向国外购买高品质的产品，如不断兴起的海外代购便是直接体现。

世界主要国家日益激烈的国际贸易竞争，本质上打的也是质量战。我国由于产品质量问题损失巨大。2012 年，国家质检总局就国外技术性贸易措施对出口企业影响，对我国 2600 家出口企业开展抽样调查，数据显示，有 35.16% 的出口企业受到国外技术性贸易措施不同程度的影响，全年出口贸易直接损失 622.59 亿美元，占同期出口额的 3.27% 。国际市场的质量贸易壁垒给中国企业出口造成很大影响，而出口产品质量口碑表现平平，中国制造在国际市场上还处于中低端地位。

质量安全事件也是中国质量发展的无形障碍。2008 年 9 月，三鹿集团生产的婴幼儿奶粉中被查出含有化工原料三聚氰胺，致使三鹿集团这样大的企业航母顷刻沉没。三鹿奶粉事件是中国奶粉行业的滑铁卢，当时我国奶粉销量下降九成以上，该事件殃及池鱼，导致国际市场质疑所有中国产品质量，在经济紧缩期严重打击了我国出口企业。统计数据显示，2008 年 10 月份乳制品产量所受冲击最为严重，降至 120 万吨，同比下降 28.8% ；2009 年奶粉进口量达到 25 万吨，是 2008 年的 2.5 倍；2010 年，在进口奶粉平均价格上涨 42.6% 的情况下，进口量达到 41.4 万吨，增长率为 67.8% ；2011 年中国进口奶粉的数量达到 44.95 万吨，增长率为 8.6% ，而 2011 年全国奶粉产量为 138.5 万吨，增长率仅为 13.7% 。这一事件震惊了全国，至今还有深刻影响。

2009 年，刘源张院士接受《中国经济周刊》采访时谈道，“中国产品整体竞争力与发展中国家相比，中国是排头兵；与发达国家相比，中国与主流水平相当。尽管如此，中国产品有一个通病，就是‘三性’不尽人意。”刘源张所说的“三性”，即一致性、稳定性和可靠性。首先是一致性难达到，很难做到同一厂家生产的大量产品质量一致；其次，稳定性较差，在分批交货中，更为明显，第一批货还可以，第二批货就差点，第三批货用户就无法忍受；三是可靠性较差，性能不稳定。由此可见，中国质量还存在很大提升空间。

三、质量事件难以避免

质量事件和质量风险在任何国家都是存在的，不管是发达国家还是发展中国家，即便是美国、日本、德国等国家也有层出不穷的质量事件。因为质量涉及的环节和层面很多，在一个小的细节上的疏忽，都可能会引发较大的质量安全事件。而在国际上，在一国经济在转型时期，大都比较集中地爆发了质量事件，造成了很大影响，最终经过长期的治理才成功摆脱困局。

1. 美国

在 19 世纪 50 年代中晚期，由于资本主义工业的迅猛发展，在巨额利润的驱使下，美国食品市场出现了假冒、劣质及至掺毒现象。1906 年，厄普顿·辛克莱撰写的《屠场》一书在美国出版，该书的面世，触动了肉食品生产者和消费者的神经，也最终惊动了美国政府。该书描述到“食品加工车间里垃圾遍地，污水横流。腐烂了的猪肉、发霉变质的香肠经过硼砂和甘油处理后再加上少量的鲜肉，和着被毒死的老鼠被一同铲进香肠搅拌机……”这样的食品制造，让人想想就恶心。这就是20世纪初美国食品工厂的真实场景。《屠场》揭开了食品安全问题的冰山一角，令整个美国社会处于一种怒不可遏的状态。1906年，在西奥多·罗斯福总统的推动下，通过《纯净食品和药品法》，催生了美国食品安全守护神FDA（美国食品药品监督管理局）。自此，美国政府十分重视质量安全的监管。

2. 德国

1871年德国实现统一后，当时世界市场几乎被列强瓜分完毕，在夹缝中求生的德国人不得不“不择手段”，仿造英法美等国的产品，并廉价销售冲击市场。偷窃设计、复制产品、伪造制造厂商……。于是，1887年英国议会出台《商品标记法》，要求外国产品必须标明产地，以防廉价产品扰乱市场。也就是从那个时候起，德国人通过不断的质量优化，使德国货的质量水平日益提高。这样的努力坚持了100多年，终于使“德国制造”享誉全球，成为高品质的象征[20]。但是就在“德国制造”的光环下，也发生不少质量问题。1998年，德国高铁发生严重出轨事故，死亡 101 人，受伤 105 人。尽管事故是由众多因素造成的，起因却是一个车轮的老化。最早高铁采用的是全钢车轮，但运行时车轮震动会过猛，容易导致餐车桌上的咖啡倾洒。于是相关技术人员将之改为橡胶内置式车轮，但橡胶容易老化，需要经常检查。在事故发生的前一天，这辆列车接受了例行检查，发现了车轮的磨损问题，可惜铁路方面没有采取措施，最终导致了事故的发生。

3. 日本

二战以前的日本产品质量低劣，当时东洋货是质量低劣的同义词，当时日本产的 1 美元一件的衬衣被美国的商店放在最便宜的货架上，高档的货架上全是 10 美元一件的美国和欧洲的产品。日本的服装制造商开始思考：为什么同样的衬衣日本产的只值 1 美元，而美国和欧洲产的却值 10 美元？日本厂商买来了各种高级衬衣，开始研究。10 年后，日本产的衬衣放在了高档衬衣的货架上，便宜货架上已看不到日本货的踪迹。尽管日本在质量进步方面取得了很大成就，但在食品质量方面还不时爆发安全问题。2000 年，日本雪印公司发生牛奶中毒事件，1.4 万人因食用雪印牛奶而发病，这是日本二战以后最大规模的食物中毒事件。2011 年又爆发了“惠比寿”连锁烤肉店中毒事件，2012 年北海道爆发了“岩井食品”中毒事件。

4. 其他国家

除前面提到的德国外，一向标榜拥有“世界上最严格食品安全制度”的英国等欧洲其他国家食品安全也危机不断。

1996 年 3 月，英国政府宣布新型克雅氏症患者与疯牛病有关，整个英国乃至欧洲“谈牛色变”，在随后的短短几个月中，欧盟多个国家牛肉销量下降了 70%。英国先后宰杀约 400 多万头牛，损失高达 30 亿英镑。

1999 年，比利时维克斯特饲料公司把被二噁英污染的饲料出售给上千家欧洲农场和家禽饲养公司，造成欧盟生鲜肉类和肉类深加工产品重大污染，致使包括美国在内的许多国家禁止从欧盟进口肉类产品。同年，比利时、卢森堡、荷兰、法国数百名儿童因喝了受污染的灌装可口可乐而出现严重不适症状，四国政府下令将所有正在销售的可口可乐下架。

2001 年 9 月，英国和爱尔兰等国相继暴发口蹄疫，危机持续了 11 个月，欧盟国家肉类市场全面萎缩，饲养户和商场损失惨重[21]。

通过对以上案例的分析，我们不难发现：第一，在经济发展过程中出现质量安全问题有一定的必然性，难以完全避免，发达国家并不是质量安全的“天堂”；第二，质量安全从“乱”到“治”不是自然而然发生的，而是要主动作为。只有主动作为、积极作为，才能实现质量提升。

四、质量发展的阶段性

新中国成立后，党中央、国务院对质量工作高度重视，质量工作得到恢复和发展，其间，也经历停滞时期。大体来看，我们可将新中国质量发展工作分为四个阶段。

1. 起步阶段

新中国成立后，中央政府很重视质量工作。1959 年毛主席提出："要注意质量，宁可少些，但要好些、全些，各种各样都要有"。1960 年 6 月 14 日在中央政治局扩大会议上，毛泽东同志再次强调："数量不可不讲，质量要放在第一位，要提高质量、规格，增加品种"。这是第一次强调把质量放在第一位。当时我们抓质量主要参照苏联模式，从恢复标准、计量工作入手。1955 年，在中央制定的国民经济第一个五年计划中，提出了设立国家管理技术标准的机构和逐步制定国家统一的技术标准的任务。当年，成立国家计量局，直属国务院。1957 年初，国家技术委员会标准局成立。1957 年在各有关部门及科研院所相继开展了十大类计量工作。1959 年，国务院发布了《关于统一计量制度的命令》，迅速建立健全国家计量基准、地方各级社会公用计量标准以及部分企业的最高计量标准。各级地方政府（地区）及部分企业建立了计量管理和检测机构。1962 年，国家计量局组织制定了《1963—1972 年计量事业发展规划》，其中科研部分被列入国家科委《1963—1972 年国家科学技术发展》的重点研究项目之一。1963 年 4 月，召开了第一次全国标准化工作会议，编制了《1963—1972 年标准化发展规划》。

这时期企业管理体制的主体是公有制的国营企业，国家动员职工以主人翁态度参与企业管理，抓好质量，产生了一些朴素但有效的质量管理思想。如 1960 年3 月，毛泽东批示鞍山经验，后被称为“鞍钢宪法”。其独特之处在于强调企业要实行民主管理，实行干部参加劳动，工人参加管理，改革不合理的规章制度，工人群众、领导干部和技术员三结合，即“两参一改三结合”的制度。美国麻省理工学院管理学教授 L · 托马斯明确指出，“‘毛主义’是‘全面质量管理’和‘团队合作’理论的精髓，即充分发扬‘经济民主’——两参一改三结合——恰是增进企业效率的关键之一。”[22-24] 大庆油田 1962 年，创造了“三老四严”的企业质量管理经验，提出：对待革命事业，要当老实人，说老实话，办老实事；对待工作，要有严格的要求，严密的组织，严肃的态度，严明的纪律。这是计划经济时代企业抓质量的有效经验。

2. 徘徊阶段

1966—1976 年文革期间，标准、计量工作陷于徘徊。期间，1972 年 11 月，国务院批准成立国家标准计量局，由中国科学院代管。全国标准化、计量的统一管理和工作机构得以部分恢复工作。

3. 恢复发展阶段

改革开放后，质量工作得到全面的恢复和发展。邓小平同志对产品质量问题和质量工作作过一系列精辟的论述。他反复强调，在经济建设中要把产品质量放在突出的位置。早在1975年8月他就指出，“一定要坚持质量第一”；“质量第一是个重大政策。这也包括品种、规格在内”；“要想在国际市场有竞争能力，必须在产品质量上狠下工夫”。1985年7月他又强调，“工业生产特别是出口产品的生产，中心是提高质量，把质量摆到第一位。乡镇企业也要抓质量”；“质量问题虽然经常提，但现在只是一般地提不行，要突出地提，切实地抓”。

质量工作机构得以恢复。1978年4月，党中央、国务院批准成立国家标准总局、国家计量总局，直属国务院并分别由国家经委和国家科委代管。1982年，美国质量管理专家朱兰博士来华讲学，参加学习的三十多位中国质量管理专家、学者联名致函国务院，陈述质量工作的重要性，建议成立国家质量管理委员会。此意见得到了国务院的重视。1982年国务院机构改革中，在国家经委中增设了质量管理局。1988年国务院机构改革，为了加强标准、计量和质量工作，成立了国务院直属的国家技术监督局，统一管理全国的质量工作。

质量管理工作得到发展。1977 年 5 月，我国加入国际米制公约组织，参与国际交流、比对。同年 5 月，国务院颁布《中华人民共和国计量管理条例》。1978 年，我国决定每年 9 月定为全国质量月。1979 年，我国引入了西方全面质量管理，首次建立了国家质量奖励制度。陆续设立了国家优质产品奖、国家优质食品奖、国家优质工程奖、中国工艺美术品百花奖、中国服装万紫千红奖、国家军工产品奖和国家质量管理奖。1979 年 7 月，国务院颁布了《中华人民共和国标准化管理条例》。1980 年，原国家经济委员会颁布了《工业企业全面质量管理暂行条例》，在全国范围内普及质量管理知识。1983 年，国家经济委员会又制定了《质量管理小组暂行条例》，以便规范企业质量管理小组的活动。1984 年，国务院正式发布了《工业产品生产许可证试行条例》，决定对重要工业产品实行生产许可证制度。1985 年，国务院批复发布了《产品质量监督试行办法》，确立了产品质量监督检查制度。同年 9 月，全国人大颁布实施《中华人民共和国计量法》，第一次以立法的形式对我国计量工作进行了全面规范。1986 年，国务院出台《工业产品质量责任条例》，在大中型企业中开展全面质量管理滚动达标活动。1988 年,全国人大颁布实施《中华人民共和国标准化法》，第一次以国家立法的形式对全国标准化工作进行全面管理和规范。1992 年，国务院召开了第一次全国质量工作会议，发布了《关于进一步加强质量工作的决定》，号召企业深化全面质量管理，提出了目标任务和十项措施。1993 年，全国人大通过了《中华人民共和国产品质量法》，2000 年 7 月又再次修订，这标志着中国质量工作走上了法制化的道路。各个行业、企业不断创造好的质量管理经验。期间，武钢质量管理的经验得到国家的肯定和推广，1991 年，国务院办公厅号召学习武汉钢铁公司走“质量效益型”企业发展道路的经验。武钢先后获国家技术进步奖、全国企业管理优秀奖和特大型工业企业国家质量管理奖。

4. 质量提升阶段

1996 年 12 月，国务院发布了《质量振兴纲要》。“纲要”开篇明确指出：质量是经济发展的战略问题，这是我国第一次从国家战略规划的层面全面部署质量工作，意义重大深远。国家领导人一直从全局的角度强调质量、重视质量。江泽民同志在党的十五届三中全会上强调：“我们的经济增长，是要实实在在、没有水分的增长，是在提高质量和效益上的增长”；“要把工作的重点放在调整结构、改进质量和提高效益上来”。在党的十五届四中全会上，他又强调：“坚持质量第一，采用先进标准，搞好全员全过程的质量管理。”“质量第一，是我国在经济建设方面的一个长期战略方针。”以胡锦涛同志为总书记的党中央提出，“要促进经济社会又好又快发展，‘好’

字当头、‘质量第一’”。在党的十七大报告中，专门讲到要确保质量安全，这是在党的历史上第一次把质量安全工作写入党的报告。胡锦涛同志深刻指出：“如果增长粗放和产品质量不高问题不能得到有效解决，总有一天会引发系统性经济风险，甚至会引发信用危机和社会动荡，反过来影响发展进程。”“越是在加大力度保增长的时候，越要重视质量和效益，加快发展方式转变，把实现保增长的目标建立在提高质量、优化结构、增加效益、降低消耗、保护环境的基础之上。”以习近平同志为总书记的党中央，继续强调树立科学发展观，提高经济运行的质量和效益。党的十八大报告指出，加快形成新的经济发展方式，把推动发展的立足点转到提高质量和效益上来。习近平总书记在中铁工程装备集团有限公司考察时强调，“要推动中国制造向中国创造转变、中国速度向中国质量转变、中国产品向中国品牌转变”；李克强总理在中国质量大会（北京）上指出，“要使中国的发展迈向中高端的水平，质量极为关键。中国经济要再创奇迹、再创辉煌，就不能片面地追求速度，而是必须着力在提升质量上下工夫，以质量的提升来对冲速度的放缓，把经济社会发展推向质量时代。”

质量管理机构得到调整、加强。1998 年更名成立新的国家质量技术监督局。2001 年，国家质量技术监督局与国家出入境检验检疫局合并，组建国家质量监督检验检疫总局，负责统一管理全国的质量工作。2013 年 3 月，组建国家食品药品监督管理总局，将原工商、质监、卫生部门的食品监督管理职能划归该机构，形成了专门的食品药品监督管理机构。

在此期间，加强质量工作的重大举措一个接一个。1999 年 11 月，国务院召开了第二次全国质量工作会议，会后发布了《国务院关于进一步加强产品质量工作若干问题的决定》。2001 年，我国建立了食品质量安全市场准入制度，实施生产许可、QS 标志制度。2003 年，国务院出台《中华人民共和国认证认可条例》，该条例对我国质量认证、认可工作提出了统一规范要求。2004 年，国务院发布了《国务院关于进一步加强食品安全监管工作的决定》。2009 年，国家制定实施《中华人民共和国食品安全法》，标志着我们食品安全保护工作进入了一个新阶段。2012 年 2 月，国务院发布《质量发展纲要(2011—2020 年)》，规划了我们未来 10 年质量管理工作的蓝图。纲要指出，质量发展是兴国之道、强国之策。质量反映一个国家的综合实力，是企业和产业核心竞争力的体现，也是国家文明程度的体现。质量问题是经济社会发展的战略问题，关系到社会可持续发展，关系人民群众的切身利益，关系国家整体形象。同年 6 月，国务院颁布《关于加强食品安全工作的决定》，明确将食品安全考核纳入地方政府领导综合考核的重要内容，并加强责任追究。

由此可以看出，党中央、国务院历来十分重视质量工作，我国探索中国特色的质量管理之路一直没有停止过，对质量管理的认识不断加深。我国质量管理从计量、标准等专项管理向综合质量管理演进；从单纯的学习苏联质量计划管理模式向综合吸收西方发达市场经济国家质量管理经验演进；从注重产品质量、企业质量管理向大质量管理、宏观质量管理演进；从阶段性、工作措施性质量管理向战略性质量管理演进。

五、从数量时代迈向质量时代

改革开放30多年来，我国经济增长的动力主要依靠投资增长、要素性投入和出口扩张，其特征是高投入、高增长、低就业、低消费，表现形式是数量经济和规模经济。这种发展模式在短时间内迅速拉动了中国经济的增长，成为世界上举足轻重的经济体，但其弊端随着时间的推移逐渐显现。

我国劳动力数量供给逐渐趋向短缺，劳动力成本优势逐渐丧失。国家统计局发布的全国农民工监测调查报告显示，2010—2012年，全国农民工总量增长速度分别为5.4%、4.4%和3.9%，呈现逐年下降趋势，2012年我国劳动年龄人口（15岁~59岁）在相当长时期内首次出现负增长，比上年减少345万人，东中西部企业相继出现招工难、用工荒等问题，劳动力成本显著上升。同时，人口老龄化的问题也愈来愈严重，我国老年人口数量也在稳步增长，65 岁及以上人口数量从 1982 年的 4991 万人增加到 2012 年的 12714 万人，年均增加 257.4 万人；老年人口占比从 4.9% 增加到 9.4%，年均增加 0.15 个百分点。农村老龄化程度严重，农业作为剩余劳动力的“蓄水池”作用将难以继续发挥。2010 年，全国乡村 60 岁及以上老年人口比重达到 14.5%，分别比城镇和农村高 2.9 和 3.4 个百分点。以安徽省为例，2015 年 3 月，省统计局发布人口分析报告指出，安徽人口老龄化程度进一步加深，社会抚养负担不断加重，人口红利因素逐步消失；安徽人口总抚养系数由第六次人口普查时的 48.78% 提高到 2014 年的 54.08%，即平均每 100 名劳动年龄人口要抚养 54 名老人和少儿。

劳动力成本迅速上升。据美国国会研究服务机构统计，2000—2013 年，中国工资平均每年增长 11.4%。本世纪初，中国工人的工资只有墨西哥工人的 30.2%，而 2013 年，中国工人的月工资已经比墨西哥工人高出 50.5%，比越南工人高出 168%。一些跨国企业感受到中国用工成本的上升，逐渐将工厂向外转移。如 2000 年，40% 的耐克运动鞋由中国制造，13% 由越南制造。而到 2013 年，中国制造只占 30%，而越南制造猛增到 42%。2012 年，阿迪达斯宣布关闭其在华唯一直属工厂。在中国低劳动力成本、低租金成本、低原料成本优势逐渐消失之时，中国世界工厂的地位面临着严峻的挑战。

环境污染越发严重。据统计，与发达国家相比，我国每增加单位国内生产总值的废水排放量要高出 4 倍，一些单位产品污染物排放量要高出 10 倍以上。中国环保部 2014 年表示，被调查的城市有 90% 空气质量不达标，8 个城市达标，比上一年度只有 3 个城市达标的“成绩”好一些。森林是空气质量的空调，而在中国年均消失天然林 40 万公顷，如果按照年采伐量为 2.94～3.4 亿立方米的速度继续采伐，到 2055 年中国将失去全部森林。

更为严重的是，中国的外部需求低迷，全球面临通货紧缩的危险。2014 年，美国财政部长 Jack Lew 称美国内需在 2012 年第一季度就超过了金融危机前的水平，现在大约比金融危机前高出 6% 左右，日本和英国的内需大约比危机前高出 2%，欧元区的内需仍没有恢复到金融危机前的水平，比金融危机前要低 4% 以上。最能反映世界经济增长水平的便是原油期货价格，由于产能过剩和需求的严重不足，到 2015 年 3 月，每桶原油报价 43.88 美元，创下自 2009 年 3 月份以来的最低收盘价。

正是在这样的背景下，很多学者和观察家提出了中国传统经济增长方式的“终结”“刘易斯拐点”的出现、新格局的转机等判断。这标志着外延式、粗放型、总量扩张的经济增长模式已走到尽头，中国要走向内涵式、集约化、质量取胜的新的经济增长模式。

山东大学管理学院教授、博士生导师温德成说："我国以前市场竞争特点主要是数量扩张和价格竞争，但现在数量扩展和价格竞争的道路越走越窄，呈现出明显的不可持续状态。以中国出口鞋为例，鞋产品总体出口金额为465.08亿美元，出口总数量为104.63亿双，出口平均单价为4.44美元/双，主要特点是量大价低；2012年中国出口美国18.3亿双鞋，占美国鞋消费量的80%，这说明中国鞋产品对美国等主要市场的数量增长空间已经极其有限，未来中国对外市场竞争必须逐步转向质量型、差异化为主的竞争。对于国内市场来说，中国已经度过了数量不足、有即胜于无的经济匮乏阶段，消费者开始追求产品品位和生活品质。在此环境下，质量、差异化、个性化必将成为越来越多中国人的首要考虑因素，市场竞争将逐步转向质量型、差异化为主的竞争。"

武汉大学质量发展战略研究院教授、博士生导师程虹指出：过去中国常见的"价格战"将来会越来越没有市场，取而代之的必定是质量型、差异化竞争。这说明我国的市场竞争正在从过去的数量竞争为主逐步变成将来的质量竞争为主。以前政府希望企业抓质量，将来变成了企业自己主动抓质量，因为企业知道，没有质量，在市场竞争中将无立足之地，质量的主体积极性将会被激发，这对我国的整个质量建设来说，也是一个好的新

趋势。

我国从1995年就提出要将经济增长建立在提高质量和效益的基础上。在21世纪初，党和国家又提出科学发展观。科学发展的第一要义是发展。一方面，我们需要保持一定的发展速度，在经济总量上实现一个较快的提升；另一方面，经济总量的提升必须具备一定的质量，必须做到健康、协调、可持续。当前，经济的发展正经历着从数量型增长向质量型增长的转变，市场竞争也由以价格竞争为主转向以质量竞争为主。在开放的经济发展环境中，国际贸易和经济合作是任何国家发展经济所不可缺少的条件。在市场上，产品、服务、资源和技术的竞争十分激烈，而质量是进入市场参与竞争的通行证。没有质量优势，势必在竞争中处于劣势。“十一五”期间，各级政府切实加强对质量工作的领导，建立了产品质量安全责任体系，采取了一系列加强监管、推动质量进步的政策措施。越来越多的地区把发展经济的方式从数量规模型转向质量效益型。

2014年5月，习近平总书记在河南考察工作时就提出要“推动中国制造向中国创造转变、中国速度向中国质量转变、中国产品向中国品牌转变”。“三个转变”就是质量型竞争的总引擎和总要求。2014年7月，李克强总理主持召开经济形势座谈会，在与企业家座谈交流中也强调，现在中国经济已经进入新阶段，企业要把质量打造成为新的竞争优势。从过去“拼价格”变为现在的“拼质量”。

2014 年 9 月 15 日，国务院总理李克强在首届中国质量大会上指出，质量是国家综合实力的集中反映，是打造中国经济升级版的关键，关乎亿万群众的福祉。中国经济要保持中高速增长、向中高端水平迈进，必须推动各方把促进发展的立足点转到提高经济质量效益上来，把注意力放在提高产品和服务质量上来，牢固确立质量即是生命、质量决定发展效益和价值的理念，把经济社会发展推向质量时代。紧紧依靠深化改革，在不断发展中打好全面提高中国经济质量攻坚战，实现宏观经济整体和微观产品服务的质量“双提高”。

2014 年 12 月，在中央经济工作会议上，中国首次明确了“经济发展新常态”的九大趋势性变化，提出“认识新常态，适应新常态，引领新常态，是当前和今后一个时期我国经济发展的大逻辑”。其中最为关键的词语便是“质量”，在九个特征中，三个要点直接提到质量，“从消费需求看，过去我国消费具有明显的模仿型排浪式特征，现在模仿型排浪式消费阶段基本结束，个性化、多样化消费渐成主流，保证产品质量安全、通过创新供给激活需求的重要性显著上升，必须采取正确的消费政策，释放消费潜力，使消费继续在推动经济发展中发挥基础作用”“从生产要素相对优势看，过去劳动力成本低是最大优势，引进技术和管理就能迅速变成生产力，现在人口老龄化日趋发展，农业富余劳动力减少，要素的规模驱动力减弱，经济增长将更多依靠人力资本质量和技术进步，必须让创新成为驱动发展新引擎。”“从市场竞争特点看，过去主要是数量扩张和价格竞争，现在正逐步转向质量型、差异化为主的竞争”。其他 6 个要点虽没有直接提到质量，但都间接与质量有关。

这些都标志着我国经济发展进入新常态，正从高速增长转向中高速增长，经济发展方式正从规模速度型粗放增长转向质量效益型集约增长，经济结构正从增量扩能为主转向调整存量、做优增量并存的深度调整，经济发展动力正从传统增长点转向新的增长点。我们可以这样说，中国已经开始从数量时代进入到质量时代，质量时代就是中国经济的升级版。质量时代区别于“速度时代”的基本特征表现是：质量自觉成为最显著特征，经济发展的指导思想发生根本改变，无论是宏观上还是微观上，社会不同的主体都将质量的发展作为根本的出发点和最终的目标；经济增长的目的不再是单一的国内生产总值，而是以老百姓的生活质量作为最终评价；质量成为促进经济增长速度的新动力，宏观经济增长的质量将建立在坚实的微观产品服务质量基础上；我国的市场经济制度越来越以较为充分的质量信息作为运行的基础，市场机制的优胜劣汰功能得到有效发挥，从而为市场发挥决定性的作用提供制度条件。[25]

六、中国质量大有希望

通过对中国质量发展总体情况的梳理，我们会看到中国一直走在追求质量的道路上，特别是在进入21世纪之后。美国著名质量管理大师朱兰博士声称：如果说20世纪是生产力的世纪，那么，21世纪将是质量的世纪，质量将成为和平地占有市场最有效的武器，成为社会发展的强大驱动力。[26]在质量的发展道路上，我们满怀信心，主要是因为：

（1）中国自古是重视质量的国家。中国朝代更替较为频繁，但质量始终是永恒的主题，有着浓厚的文化底蕴。为展示中国质量文化的历史，2014年，安徽省质量技术监督局在合肥市包河工业区的安徽省质检中心园区建成了“中国质量文化馆”，整个展馆主要分为“铭功千载”“巧夺天工”“质量方圆”“重诺守信”“师夷长技”“民国实业”“质量崛起”“腾飞中华”等展区，按照时间顺序回顾了中国质量发展历程和发展成就，展示了中国质量文化的源远流长。其中，“铭功千载”展区以实物展示为主轴，配以图片及简明的文字叙述，将传统中国金属冶铸、建筑工程、船舶、丝绸等特色产业的辉煌质量成就进行直观展现；“巧夺天工”展区向观众解答质量成就在质量工艺层面的原因，通过《耕织图》、陶瓷、农具革新、课本印刷、活字印刷等，展示了传统中国质量工艺精确、经济、系统、效率、循环可复制的模件化生产特征；“质量方圆”展区展示了中国历代质量管理机构、物勒工名制度、古代质量法令、家族与地域传承的力量、市场竞争与品牌意识、行会质量自律等，展现传统中国各主体共同参与的质量治理机制；“重诺守信”展区向观众展示了传统中国在质量诚信方面悠久的文化传统，通过历史人物质量诚信言行以及辉煌业绩的展示，营造人人珍视质量信誉的文化氛围。当你在展馆中畅游欣赏时，你会发现中国人自古对质量极为珍重和珍视，我们要对中国质量的未来充满信心。

（2）我国党和国家领导人极其重视质量。建国伊始，百废待兴，发展经济成为国家的第一要务。毛泽东主席作为开国领袖，非常清醒地认识到，要想在一穷二白的基础上建设社会主义，就必须要有一个牢固的经济发展基础，而质量就是构筑这个坚实基础的最重要保证。于是，他提出了“百年大计、质量第一”的工作方法。1960 年 6 月，毛泽东主席在中央工作会议上再次提出“数量不可不讲，质量要放在第一位”。在这一思想指导下，当时的生产建设认真贯彻着高质量的理念。以武汉长江大桥为例，尽管当时技术和材料相对落后，但对待建筑质量的要求非常严格。建桥的水泥全部选择 500 号以上标准，强度大，而普通建筑仅为 300 号左右。按如此标准建成的大桥在经受多次船舶严重撞击之后，直到今天依然坚固。遗憾的是，受十年动乱的冲击，中国的经济建设严重滞后，质量理念没能很好地继续落实。

随着改革开放的深入，特别是市场经济的发展，“质量”一词又进一步走进社会经济领域、走进企业经营当中，也走入寻常百姓的视野。1979 年 9 月 1 日，在人民大会堂召开了全国第二次“质量月”广播电视大会，这是一次以质量为主题的大会。国务院副总理康世恩再次强调了“百年大计，质量第一”的基本方针，号召各条战线再接再厉、乘胜前进，继续打提高产品质量的进攻战，把我国的产品质量和工程质量提高到一个新的水平和层次。在这一时期，以媒体曝光和质量宣传为主要形式，一方面震慑打击了生产伪劣低质产品的不法分子，另一方面向全民普及了质量意识。它对于树立和强化全民族质量意识，完善质量法制，改进和提高企业质量工作，发展中国质量事业等各方面，都起到了明显的促进作用。今天，中国很多产品的质量水准已经达到世界先进水平，不少产品畅销国内外。海尔、格力、奇瑞等民族品牌更是成为中国卓越质量的代名词。

（3）中国质量宏观上已经取得很大进步。中国经济经过 30 多年的高速增长，总量已经跃居世界第二，货物进出口总额位居世界第一，创造了世界发展史上的奇迹。

钢铁工业已经拥有一批世界最先进的技术装备，全行业世界一流工艺装备水平的不锈钢生产量达到70%以上。建材行业的主要产品如水泥、建筑陶瓷砖等均等同采用或等效采用国际标准和国外先进标准，抛光砖的质量已达到世界领先水平，新一代移动通信、数字音频视频、通信网络设备、新型显示器等产品的主要性能达到国际同类产品的水平。“中国制造”在质量的支撑下畅销全球，据统计，我国产品质量监督抽查合格率从1996年的75.0%上升到2013年的88.9%，制造业质量竞争力指数从2002年的77.89提高到2014年的83.06。质量大师刘源张说：“中国制造的产品质量总体水平是好的，而且在逐年提高。其中机电产品接近世界最好水平；电子产品，尤其是家电产品已经达到了世界最高水平；纺织、轻工产品也很不错。中国的产品堪称‘价廉物美’。”以电视机为例，改革开放初期，电视机开始普及时，国产电视机质量很难保证，当时电视机平均无故障时间约250个小时[1)]，而现在，平均无故障时间已经超过了10万个小时。2014年9月20日，俄罗斯联邦政府总理梅德韦杰夫在索契国际投资论坛上说，中国经济强大了，商品质量提高了。如今“中国制造”的标签已经不再令人害怕，相反能吸引很多人，因为它性价比高。他还表示，俄罗

1) 无故障时间是指从一次故障到下一次故障的平均时间。

斯品牌应该向中国品牌学习，用高质量不断赢得市场和声誉。以上这些无一不使我们感到自豪，无一不使我们对我国的质量振兴充满信心。

（4）中国质量微观上一直在改进。我们可以通过温州鞋与火的故事看看中国质量的进步[27]。1987 年 4 月，根据消费者投诉情况，杭州市工商局、标准计量局等 4 个单位，对杭州各商店销售的五大类鞋进行抽查。抽查结果让人大跌眼镜，有的女高跟鞋底内衬甚至用烂铁皮和旧竹片，许多劣质皮鞋用包装纸甚至马粪纸做主后跟内衬，用旧布料和桃花纸作包头内衬，严重违反国家的有关规定。随后，对 8 个主要商业区进行抽检，发现了 5402 双劣质纸板衬皮鞋。后经进一步调查，这批劣质鞋 90% 以上是温州生产的。1987 年 8 月 8 日，杭州市下城区工商局执法人员在该市武林广场，一把火烧毁了 5000 多双温州产的劣质皮鞋。随后，引发了全国性的“火烧温州鞋”连锁反应。多地群起效仿，武汉等 10 多个城市掀开了拒售活动，相继将温州鞋驱逐出境，南京路上的大小商店都不约而同地贴出了“本店无温州货”的告示。这将温州人的声誉钉在耻辱柱的一把火，烧醒了温州人的质量和信用意识。

1988 年 6 月，中国皮鞋行业第一个行业协会“温州市鹿城鞋业协会”宣告成立。在授牌仪式上，协会联合 370 多位鞋厂厂长发出倡议：“凡我鞋业同仁，都要以鞋城声誉为重，讲究皮鞋质量，不赚昧心钱。”1993 年，温州市委、市政府提出“质量立市”的发展战略，1994 年颁布《温州质量立市实施办法》，开始了以规范市场经济秩序为基本取向，以实施质量立市和信用温州建设为战略重点的“第二次创业”。经过数年卧薪尝胆，温州市的“质量立市”取得了显著成效。温州“鞋佬”卧薪尝胆、重振雄风，解决了温州 35 万人就业问题，完成工业总产值 200 亿元，税利 15 亿元，出口交货值 50 亿元，分别占全国总量的 16%、8% 和 15%，同时还为温州甩掉“假冒伪劣”帽子，为温州鞋革业树立起全新形象。大批温州鞋纷纷有了自己的品牌——康奈、东艺、皇康等。到 1999 年，温州已经涌现出一批在国内外知名的鞋企。温州鞋再次声名鹊起。1998 年，康奈、奥康、吉尔达 3 个温州皮鞋品牌，一起捧回了“中国十大真皮鞋王”奖杯。

1999 年 12 月 15 日，奥康集团董事长王振滔和时任温州市副市长冒康夫等，在杭州市郊的中村将 2000 多双假冒奥康鞋和数万枚商标化为灰烬。12 年前一把火，烧温州人的劣质鞋；12 年后的一把火，温州人烧仿冒温州鞋的伪劣鞋。如果说，第一把火是温州鞋质量的“耻辱之火”，那么第二把火则是温州质量的“雪耻之火”。2007 年 8 月 8 日，温州人在温州第六个“诚信日”，在杭州武林广场举办“温州民营企业大型主题活动”。这是温州人质量新年的第三把“火”，这是温州质量的“诚信

之火”。[27-30]

回溯历史长河，时代有不同，但追求高质量却是不同时代的永恒主题。中国质量的成长之路，既有质量变迁的偶然性，又体现着质量发展的必然性。政府在质量监管中走向成熟，企业在质量阵痛中纷纷觉醒，民众在质量生活中逐步成长。诸多的偶然最终汇成历史的必然，未来质量发展的方向必然是走向制度化和规范化的轨道。1993 年以后，《中华人民共和国产品质量法》《中华人民共和国消费者权益保护法》《质量振兴纲要》等一系列有关质量管理的法律法规条例先后出台。进入 21 世纪，《中华人民共和国特种设备安全法》《缺陷汽车产品召回管理规定》《中华人民共和国食品安全法》等法律法规条例的颁行，让质量管理更加精细化，逐渐形成了全方位、多层次的质量管理体系，为中国的质量强国之路奠定了坚实的法制基础。随着时间的推移，中国质量必将成为历史长河中一块永远耀眼的丰碑！

第四章　建设中国好质量

在看到中国质量不断迈向辉煌的同时，我们也清醒地认识到中国质量也有不少问题。那么，中国质量问题怎样才能改善？在市场经济活动中，只有与质量密切相关的企业、政府、社会组织、消费者等多方力量共同努力、携手共进，才能真正促进中国质量的进步，这就需要人人都成为质量的建设者和贡献者。

一、企业是好质量的创造者

产品和服务是由企业生产和提供的，企业要确保产品和服务的质量。如果产生质量问题，企业自然是首要的责任主体。那么，企业怎样通过各种方法确保质量呢？

1. 质量意识是好质量的基础

企业质量意识是一个企业从领导层到每一个员工对质量和质量工作的认识和理解。在这里“质量”有两种含义。一是产品的质量，即产品合格与否；二是生产产品过程的质量，即生产过程是不是合理的，是不是与企业设定的生产标准一致。换句话说，质量意识首先要保证产品合格，符合产品的规格要求。进一步讲，整个生产流程严格遵照企业生产流程的管理规定。有质量意识的员工和领导层，不仅仅限于被动地接受对产品质量的要求，而是不断地关注产品质量，且提出改善意见，自始至终在促进质量的不断提高。

在产品质量形成中，意识作用是不言而喻的。质量意识差，是产品质量差和工作质量差的重要原因。心理状态不如意，可能造成差错，甚至导致质量事故的发生；质量能力弱，从事生产活动质量当然不会好，但能力弱可以通过学习训练而提高。但质量意识差，会导致员工没有从事训练和提高能力的动力，会对员工的心理产生负面影响，长此以往产品质量上不去，工作中经常出差错，这严重影响了产品整体质量水平的提升。

企业的经营层会有明确的企业定位和产品定位，对于产品质量的理解和要求就决定了企业的成败；企业的工作者在长期的工作中形成自身的质量意识，决定了以什么样的态度来从事生产、经营，如何理解岗位的质量要求，在完成自身工作的同时如何与组织中的其他人协调配合，最终实现企业的质量目标。

现代企业无一例外地关注用户的质量感受，你买一个家电可能会接到多个售后电话，你对某款私家车的抱怨和喜爱会有专门的调查公司搜集、整理并提供给企业改进。质量意识高的企业关注质量工作的每一个细节，能发现别人无法发现的细微差别和不足，从而提高用户的质量体验，最终将高质量的产品送到千家万户，占领更多的市场。

2. 质量制度是好质量的保障

一块不锈钢最终变成一个完美的手机边框，可能要削去20%的材料，历经600道工序和检验，接受数控切削、镀层防腐、表面抛光等多种工艺，当粗陋的顽铁被打造成精致的类似工艺品的时刻，你也许无法想象凝结在这背后的复杂的组织和加工体系，更不用说航空母舰、高速铁路等巨大的工业工程。而这些高质量产品最终完美呈现，都是需要各种质量制度来保障。

企业的质量制度是对企业质量行为规范的制度化体现，发挥约束企业所有成员的质量行为，维持企业组织的质量活动正常秩序等方面的功能。从类别上讲，企业质量制度包括三个层面：一是企业的质量管理体制；二是企业成文的质量规章制度，包括质量手册、质量奖惩管理规定、质量程序、作业指导书等；三是企业不成文的或非正式的质量制度，如质量习惯、质量传统、质量作风等。

质量管理体制明确了企业最高管理者的质量职责，设定了负责质量管理工作的组织机构和质量管理工作的组织体系，规定了各级各类人员的质量职责和权限，指明了企业内部的沟通机制。

在国家质检总局、国家工业和信息化部联合印发的《关于生产企业全面落实产品质量安全主体责任的指导意见》中，明确规定了企业要建立完善质量管理体系和检验检测体系。其中重点包括五大制度，即：原料进厂查验制度、生产过程质量控制制度、成品出厂检验制度、产品质量追溯制度、售后服务制度。这些制度的有效运行组合成一个复杂精准的整体，将产品从形成到使用的各个环节囊括其中。

非正式的质量制度是企业不成文的、没有得到企业管理者正式认可的，但在实际工作中又发挥着重要作用的质量制度，一般说来，包括企业及其员工的质量习惯、质量传统和质量作风。非正式的质量制度与质量规章制度之间相互影响，一定情况下会相互转化。优秀的企业善于将好的质量习惯、质量传统、质量作风以制度的形式固化；反之，也可能存在企业的质量制度没有有效实施，被质量习惯、质量作风所替代的情况。

3. 质量创新推动好质量的涌现

费根堡姆的全面质量管理之花在日本大放光彩，并经日本传播到了中国；ISO 9000 质量管理体系是全世界企业的质量管理宝典，质量管理的八大原则也沁入了每位质量人的心里；当 5S、六西格玛理论风行的时刻，松下、摩托罗拉一度曾是全球质量人的圣殿；每年三大质量奖的揭晓都会带来无数学习、观摩的热情。树立标杆、学习先进、赶超前人、引领潮流，对质量的追求成就了大量的时代宠儿，也满足了人们日益高涨的质量需求。质量交流、质量融合、质量创新从没有像今天一样频繁、方便，也正在以人们难以想象的深度、速度改变着人们的生活。企业是好质量的创造者，正深刻地推动着时代的进步。

在这样一个“互联网 +”的时代里，各行业需要不断坚持质量创新，不断满足消费者需求，否则便会像诺基亚和摩托罗拉一样不得不退出手机终端市场。小米公司是近些年进行质量创新的典范。2011 年，小米公司宣布进入手机行业，而这一行业早已被业界称为“红海”。小米公司却坚信质量就是对客户需求的不断满足，为此小米在几个方面做出了创新：一是只通过官方电子商务平台销售，最大限度地省去中间环节，大大降低了运营成本；二是充分调动消费者参与的热情，通过网络收集客户需求和反馈信息，对其 MIUI 操作系统持续更新改进，不断满足用户的需求；三是把配置做到最高、性能做到最好、稳定性力求做到极致。小米公司通过这种方式在低价格的水平上，不断追求产品品质，深受消费者喜爱，在“红海”市场中找到了“蓝海”机遇。2015 年，小米又在极为传统的插线板产品继续质量创新。该插线板使用优质锡磷青铜作为内部最重要的导电结构材料，避免了黄铜材料造成的虚接、发热、着火的安全风险；

在制作工艺上，小米选择安全性更高的一体成型无断点连接技术，制作内部插套、铜带，注重用真材实料保护生活；在设计满足消费者需求方面，有 3 个 USB 口、3 个五孔插座，可以直接给手机充电，它的体积小，方便携带，并且有儿童保护设计。这样一个典型的质量创新的产品被称为“插线板中的艺术品”，售价仅为 49 元，在上市两月便售出了 100 万个，又一次创造了销售奇迹。可见，创新是产品质量的发动机，企业持之以恒地满足消费者需求，不断创新，这便是中国好质量进步的现实基础。

二、政府是好质量的监管者

产品质量的好坏直接影响到消费者的生活，影响到正常的社会经济秩序，因而，国家和政府需要对产品质量进行监督，以保护广大消费者的合法权益。李克强总理在首届中国（北京）质量大会上指出：提升质量，必须改革政府监管。市场不是万能的。简政放权，也不等于政府不管。我们实行放管结合，既要“放活”，更要“善管”。因此，抓好质量，政府应“立规矩、守防线、建基础、护秩序”，当好质量的监督者。[31-33]

1. 政府立好质量规矩

（1）建立完备的质量法律法规体系。法律体系的健全程度和运作效果是衡量一个市场发达程度的根本标志，也是提高产品质量的重要保证。在发达国家，产品质量监督法律体系健全而细密，并覆盖整个市场，调节范围包括市场规则、交易规则、市场主体、市场布局等领域，甚至对个别商品如粮食、蔬菜等专门制定出法律予以调节。经过多年努力，我国在质量监管领域的法治化建设已经取得了长足的进步，但与发达国家相比，在立法方面还有相当大的差距。我国依然面临着质量监管法律制度滞后、执法依据不足的问题，因此应当进一步完善质量监督的法律法规体系。

1979 年国务院颁布《中华人民共和国标准化管理条例》，提出在全国开展质量监督工作，并设置全国质量监督管理机构，在建立社会主义市场经济体制过程中，国家相继颁布了《工业产品质量责任条例》《产品质量法》《工业产品生产许可证管理条例》等一系列法律法规和规章，逐步建立了具有中国特色的产品质量监督法律体系。目前，我国已拥有了《产品质量法》《标准化法》《计量法》以及涉及具体行业的法律，如《食品安全法》《药品管理法》等。另外，在《民法通则》《消费者权益保护法》《反不正当竞争法》《刑法》等重要法律中也有许多涉及产品质量的条文。同时，质量监管部门陆续出台相关配套规章，形成了较为完善的产品质量监督法律法规体系。这对于提高我国产品质量、切实保障消费者权益、维护社会主义市场经济秩序发挥了至关重要的作用。

（2）构建质量法律责任制度。第一，强化被监管者的产品质量违法责任。企业是有限理性的经济人，具有机会主义倾向，企业在进行产品的供给时，拥有较大的信息成本优势，如果对违法后果的预期成本低于预期收益，则一些企业会尽一切努力，甚至不惜损害社会整体利益来实现自我利益的最大化。企业是产品质量的责任主体，对于违法企业，要依法查处。第二，建立产品质量行政执法责任制。权力必然意味着责任，行使行政职权即意味着履行行政职责，权力与责任之间存在着必然的、内在的相关性，两者是一种相伴相生的关系。产品质量行政执法责任制是依法确定执法主体资格，明确执法责任，规范执法程序，考核执法质量，追究执法过错责任的执法监督制度；是一种以依法确定职权责任形式出现的约束行政权、制约执法人员个人利益的制度；建立产品质量行政执法责任制，对于理顺产品质量监管体制、加大产品质量监管执法力度，有效预防权力寻租和地方保护主义具有重要意义。

（3）严格依法打击质量违法行为。《产品质量法》中对生产、销售假冒伪劣商品行为行政罚款最高为违法生产、销售产品货值金额的三倍，这与国外的一些法律规定的相比，罚款数额仍属偏低。应当在经济上施加重罚，最大限度地加大制假售假者的违法成本，从而在一定程度上抑制假冒伪劣现象。加大惩罚力度的同时，我们更应该重视执法环节。地方政府要负总责，有关部门要各负其责，要落实企业的产品质量主体责任；要建立各监管部门联动机制，形成对突出问题各部门既各司其职、各负其责又协作配合的工作格局；以人身安全、工程安全、环境保护等为重点领域，以生产相对集中的地方为重点区域，以有过质量违法记录的企业为重点企业，形成打击假冒伪劣的高压态势和扶优治劣的社会氛围。

2. 政府守好质量防线

市场经济条件下，一般的产品质量问题，主要依靠市场竞争来解决。通过市场竞争中的优胜劣汰机制，促使企业提高产品质量，增强市场竞争能力。但是，政府作为社会经济活动的宏观组织者和管理者，必须对产品质量进行必要的监督和宏观管理，以维护社会经济秩序，保护消费者的合法权益。为此，《产品质量法》规定，对可能危及人体健康和人身、财产安全的工业产品，必须保障人体健康，符合人身、财产安全的国家标准、行业标准；未制定国家标准、行业标准的，必须符合保障人体健康，人身、财产安全的要求。禁止生产、销售不符合保障人体健康和人身、财产安全标准要求的产品。从产品质量监管的全过程来看，我国主要的产品质量监督管理制度可以分为市场准入制度、市场监管制度和产品召回制度，具体制度有生产许可证制度、强制性产品认证制度、产品质量监督抽查制度和产品召回制度。

生产许可证制度是为了保证直接关系公共安全、人体健康、生命财产安全的重要工业产品的质量安全，贯彻国家产业政策，促进社会主义市场经济健康、协调发展，由国务院主管生产领域产品质量监督工作的行政部门实施的一项旨在监控产品生产加工企业生产条件的行政许可制度。

强制性产品认证制度的实质是为保护消费者人身和动植物生命安全，保护环境、保护国家安全，依照法律法规实施的一种产品合格评定制度。强制性产品认证制度在提高重要产品的质量安全水平推动重要产业的技术升级、促进产品结构和产业结构调整、保障消费安全、推动政府职能转变方面都发挥了不可替代的积极作用。

产品质量监督抽查制度是具有中国特色的质量监管制度，在 1985 年国务院制定《产品质量监督试行办法》后得以正式确立。2001 年 12 月 29 日，我国制定了《产品质量国家监督抽查管理办法》，产品质量国家监督抽查工作制度得到进一步的规范。

产品召回制度是建立健全产品退出市场环节的关键制度，是加强生产加工后续监管的一种有效措施。我国于 2004 年 l0 月 1 日正式出台了《缺陷汽车产品召回管理规定》，2007 年 8 月起施行了《儿童玩具召回管理规定》《食品召回管理规定》，2007 年 12 月 12 日又施行了《药品召回管理办法》。此外，国家质检总局《关于〈国务院关于加强食品等产品安全监督管理的特别规定〉若干问题的实施意见》对生产企业的自愿召回条件与质监部门的强制召回条件作了规定。《食品安全法》更以法律的形式将召回确立为食品安全领域的一项重要法律制度。

3. 政府搭好质量基础

标准、计量、检验检测、认证认可是国际公认的国家质量的四大基础。从世界通行做法来看，国家质量基础既是政府发挥监管职能的技术支撑，也是实施国际贸易政策的重要内容。

（1）完善质量标准体系。标准化是质量管理的技术基础。对已有的10万余项国家、行业和地方标准，必须严格贯彻执行。同时，要积极改革现有的标准体制，鼓励联盟标准建设与试点等方面工作的推进。要大力加强标准制定、修订工作，凡是没有国家标准或行业标准的产品，企业也可以制定高于严于国家标准或行业标准的企业标准。监督管理部门对企业进行定期检查，监督企业按标准组织生产。发挥标准引领作用，强化重点领域的技术、产品与管理标准制定和实施。

（2）加强计量管理。计量管理与企业的产品质量有着密切的联系，就企业产品生产过程而言，计量管理的水平决定着企业产品质量的高低。计量管理是企业生产经营的一项基础性技术管理工作。一方面为了保证产品质量，计量测试工作就要贯穿于整个生产过程中。就产品而言，从原材料进厂，到最后生产出成品的各个阶段，都要对产品进行各种计量测试工作。另一方面测试手段大都是由各种性能的仪器仪表设备所组成，它们的准确性如何，直接影响着产品质量的检验结果。所以，产品质量的好坏，不但取决于生产工人的操作技术，而且取决于生产过程的检测工作和检测设备的完好状况。总之，检验产品质量实际上是先定量分析，后质量判断，让数据来说明产品的质量情况。

（3）构建质量检验检测公共技术服务平台。质量检验检测是指质量检验检测机构接受产品生产商或产品用户的委托，综合运用科学方法及专业技术手段对某种产品的质量、安全、性能、环保等方面进行质量检验检测，出具质量检验检测报告，从而评定该种产品是否达到政府、行业和用户要求的质量、安全、性能及法规等方面的标准。政府应以全面提高公共检验检测服务水平为着力点，坚持统筹规划、政府主导、分级负责、开放共享，加强公共检验检测能力建设，提高战略性新兴产业公共检验检测覆盖面、提升传统优势产业公共检验检测能力水平、完善质量安全监管公共检验检测保障能力、加快构建公共检验检测服务平台。

（4）完善质量认证认可制度，提高公信力。认证认可是社会经济、科技和文化进步的产物。在发展先进生产力的过程中，产品、服务质量以及管理水平是不可忽视的重要因素。实践证明，认证认可工作开展以来，极大地促进了我国产品、服务质量和管理水平的提高。政府要对于部分风险性高，涉及百姓日常生活的产品开展强制性认证。同时，政府应积极监督和引导质量认证认可工作，建立健全质量认证认可法律规范；强化诚信意识，依法加强质量认证认可的管理工作，树立认证认可公共品牌和公信力；加强认证认可标准和程序管理，提高认证认可的有效性；规范、简化认证认可程序，提高认证认可效率；公开办事程序和认证认可信息，方便社会对认证认可工作进行监督。

4. 政府护好质量秩序

政府主要以法律为依据，通过质量监督提升社会整体质量水平，搭建好质量建设的基础平台，并通过良性的制度供给维持社会交易的正常运转，维护好质量的基本秩序。

(1) 建立质量信息共享系统。在对产品质量进行监管过程当中，质量监督部门应当履行信息搜集与传递的职能，建立一个全国性的信息发布平台，对于违法违规行为进行全国范围内的监控和通报，以形成中央与地方之间、地方与地方之间、各相关职能部门之间关于产品质量信息交流的有效机制。结合我国实际和国外经验，应当加快推进质量监督系统的电子政务工作，建立全国联网的质量信息共享系统。

（2）构建质量诚信体系。信用是现代市场经济的基石。建立完善的质量信用制度，健全严格的信用监控机制，是防范质量信用失常的有效措施。解决失信的关键在于促使市场信息充分披露和有效传递，促使企业调节利益偏好，把产品质量安全追求与自身利益的追求统一起来。当前要结合我国国情和国外成熟经验，借助高新技术手段，建立起包括质量信用等级评定、信用状况的采集和提供、信用监督等在内的完善的个人信用制度和企业信用制度，使行为者的信誉水平与自身的利益密切相连，使失信者受到监督和制约，形成守信者得利、失信者失利的良性机制，促使公民诚实守信，企业重视质量信誉，不断提高整个社会的质量信用水平。

（3）设立质量违法行为举报制度。对质量违法行为进行举报，是对产品质量进行社会监督的一种重要形式。质量违法行为举报制度是发动群众、支持群众进行举报活动的基础，是公众向政府质量监管部门反映质量违法行为的最主要和最直接的管道，为公众更直接、广泛参与国家行政管理，支持和协助政府搞好质量监管工作提供了便利的条件。设立质量违法行为举报制度，有利于及时打击质量违法行为，使政府质量监管部门的监督检查与社会监督有机地结合起来。同时，也有利于政府质量监管部门加强自身建设，有利于质量监管执法人员廉洁自律、秉公执法。因此，政府质量监管部门应当设立质量违法行为举报制度，对举报者给予奖励，并负责为其保密。

三、社会是质量的约束者

“质量强国梦”是“中国梦”重要组成部分，李克强总理在中国质量大会上强调，质量是国家综合实力的集中反映。怎样才算质量强国？除了在产品质量、质量品牌、监管体制、质量人才、市场环境等方面表现强之外，全社会都十分关注并积极参与质量安全监管，这也是“质量强国”的重要特征之一。怎样做到全社会参与质量安全监管，就是要做到“一切为了群众、一切依靠群众”。

1. 质量共治的现实需要

产品质量安全直接关系到全社会每个成员身体健康和生命财产安全。在当前形势下，质量监管的模式是地方政府负总责、监管部门各负其责、企业负主体责任，与此同时，还应该做到全社会公众积极参与质量安全监管，形成工作合力，推动产品质量安全水平进一步提升。

“全社会参与质量安全”就是全社会成员对于产品质量安全，做到人人都有参与的义务，人人都有参与的权利，人人都有参与的责任。每个社会成员既是好质量的享用者，也是差质量和假冒伪劣产品的受害者。因此，产品质量监管要求每个社会成员提高自身防范意识，切实增强维权意识，通过多种渠道，了解和掌握更多产品质量安全知识，不断提高对产品不安全因素的识别能力。全社会每个成员获取质量安全知识，对产品质量优劣“用脚去投票”，可以做到“三利”：即利己、利人、利社会。“利己”就是能够有效保护自己的利益不受侵犯；“利人”就是帮助其他人不受到不安全产品的伤害；“利社会”就是当你一旦发现有质量差的产品，向监管部门投诉举报，使广大社会成员避免利益损失。

好质量需要全社会共同参与。社会成员是产品的最大消费群体，对产品质量好坏有最切身的体会。从维护社会正义和社会道德的角度而言，社会成员对产品质量负有舆论监督的责任和义务。社会成员参与质量安全监管，并非淡化政府和企业的责任。在新形势下，它既可以弥补政府监管不足、延伸监管触角，又可以大大节约政府的监管成本，形成“人人重视质量、人人创造质量、人人享受质量”的质量安全监管共治格局。社会每个成员提供有效质量信息、宣传质量安全知识，有利于帮助监管部门提高质量安全监管有效性。

质量监管部门，积极为全社会公众搭建平台，形成监管互动的运作机制。近年来，各级质量监管部门加大向全社会宣传教育质量安全知识力度，及时公布监督抽查结果、发布消费者选购指南、开通 12365 投诉举报电话，引导广大消费者正确消费，有效保护消费者合法权益。

2. 动员参与质量安全监管

质量的共同治理离不开社会各方的共同参与，这就需要充分动员，吸引更多人参与质量建设和质量安全的监管 。安徽省具有改革创新、敢为人先的光荣传统，在社会力量参与质量安全监管方面，安徽省质监局走在全国前列。他们积极引导大学生积极履行社会责任，深度思考产品质量安全，主动参与质量安全监督，成为质量安全风险信息的情报员、质量监督的协管员、质量知识的讲解员、引导质量舆情的宣传员。

（1）率先组建了大学生质量安全志愿服务队伍。安徽省质监局联合共青团安徽省委、安徽省教育厅在 2012 年在全国率先选聘首批 100 名大学生担任产品质量安全义务监督员，并对其进行业务知识培训。时任国家质检总局副局长魏传忠和省政府副省长花建慧亲自为大学生产品质量安全义务监督员进行授旗。在全国引起强烈反响，入选《中国质量报》“2012 质量之光”全国十大地方质监亮点。承担编写《全国大学生产品质量安全义务监督员知识读本》，该读本已正式发行。国家质检总局充分肯定并积极推广安徽经验，在全国范围内选聘万名大学生担任质量安全志愿者。

（2）组织大学生志愿者参与质量监管实践活动。安徽省质监局搭建了大学生质量安全志愿服务平台，先后组织义务监督员参加食品安全宣传周、暑期检验机构实习、高校迎新生卧具检测、食品企业和检验机构大家看等一系列活动，广泛宣传质量安全知识和产品质量安全工作，为义务监督员搭建了质量安全志愿服务平台。第一，组织开展重点消费品提升调研活动。全省各地分别组建以大学生质量安全志愿者为主的调研团队。针对汽车及零部件、儿童玩具、童车等产业，撰写具有针对性和实效性的调研报告。合肥市质监局组织的调研团队，从零配件投诉出发重点分析零配件方面存在的问题，撰写了《汽车及汽车零配件产品质量调研报告》。芜湖市质监局组织的调研团队撰写了《抓产品质量提升，促线缆行业发展》。六安市质监局组织的调研团队撰写了《舒城县童车产品质量提升调研报告》。滁州市质监局组织的调研团队撰写了《天长市玩具产业发展情况调研报告》等。第二，开展质量安全征文活动。安徽省质监局联合安徽省教育厅、共青团安徽省委在全省各高校组织开展大学生质量安全征文活动，共收到征文2000余篇，安徽省政府副省长花建慧亲自为获奖人员颁奖，并将获奖作品汇编成册。通过开展一系列活动，进一步打造安徽大学生质量安全志愿服务品牌。安徽工程大学吴倩同学在《对于“质量安全”，我有话要说》中说道“我会鼓励更多的人参与到保卫产品质量安全的行动当中来，让“质量不安全”事件没源头、没条件发生，让大家共同撑起“质量安全”这片蓝天，我更会用一辈子的时间守护着它”。这是全省1000名大学生志愿者守护质量安全的共同心声。第三，参与质量监督抽查工作。眼镜产品质量好坏直接关系到大学生切身利益，每年在新学期开学之际，组织大学生志愿者参与眼镜产品的样品采集、检验和后处理等全程的监督工作，还专门请有关技术人员就眼镜产品的检测、验配镜、使用眼镜产品注意事项等方面知识向大学生志愿者进行现场教学，使大学生志愿者进一步提高质量安全监督知识水平。第四，鼓励全省各地市纷纷开展多种形式实践活动。合肥市组织大学生志愿者参与质量促美好乡村建设活动。马鞍山市结合高校“三下乡”活动，组织大学生志愿者配合检测机构将质量服务送到田间地头。芜湖市定期组织志愿者到检测机构实习，并为志愿者组织质量安全知识讲座。宿州市组织志愿者到市质监局实习，直接参与简单的质量监督工作。蚌埠市定期组织大学生志愿者和电梯检测监督人员和技术保障部门一起到居民小区进行巡查和电梯安全知识义务宣传。铜陵市组织大学生志愿者组织并参与“5.20计量科普知识竞赛”。

3. 主动参与质量安全监管

我国社会力量参与质量监督的保障权利之后，为此应做好以下几个方面工作。

（1）政府应主动坚持依法公开质量安全信息。政府有关部门应当制定《产品质量安全信息公开》规章制度，依法公开产品质量安全信息，保障社会公众的知情权、参与权和监督权。完善举报制度，加大举报奖励力度，强化对举报人的保护，拓宽举报渠道。

（2）社会组织应参与“合作”监管。社会组织应在产品质量安全监管知识宣传教育、产品质量检测、风险评估、质量安全监管、规章制度制定等方面充分发挥作用，提升质量安全重点领域、关键环节的“政府—社会”合作监管水平。

（3）社会媒体坚持正确舆论导向。社会媒体对质量安全问题应客观、公正报道，发挥社会媒体的舆论监督作用，严禁不专业、不科学、渲染炒作甚至失实的报道，切实发挥社会媒体监督的正能量。

（4）行业协会发挥好自律作用。行业协会根据行业自律管理的规律，制定和完善质量检测、监督检查、诚信档案、风险预警、自律惩戒和信息披露等制度，健全行业自律管理机制。

（5）社会成员增强对产品质量自辨能力。社会每一个成员要主动了解掌握与产品质量相关的法律法规以及产品质量安全性能，提高对产品质量的自辨能力，保护好自身和他人合法权益不受侵犯。

四、消费者是质量的推动者

1. 消费者需求推动质量进步

人类社会的产生与发展以对物质资料的开发利用为基础，而物质资料的获取方式随着社会的发展而改变。在早期的农业社会，社会经济是以自给自足的小农经济为主，基本的生活资料通过自己的劳动获得，社会交易范围狭窄，主要是农产品和部分手工艺品的交换。随着工业革命的发展，机械化大生产日益普及，产品日益增多，消费已成为人们生活中不可缺少的行为。正如美国总统肯尼迪所言“人人都是消费者”，消费是一切经济活动的终点，满足消费者的需求是生产经营者生产发展的根本追求，所以生产经营者必须依照消费者的需要和意愿进行生产经营，毫无疑问消费者肯定需要质量好的消费品，因此可以说消费者是好质量的推动者。

2. 影响消费者推动质量的要素

改革开放以来我国摆脱了高度集中的计划经济体制，发展中国特色社会主义市场经济，促进经济快速发展，人们的消费行为日益频繁，消费水平不断提高。消费品日益丰富，但是在消费领域，因商品或服务质量存在问题导致的事件却也不断增加，例如“三聚氰胺”“地沟油”事件等，在这些事件中，可以发现消费者在推动产品质量进步方面有一定的局限性，究其原因主要有以下几方面：

首先，生产经营者和消费者信息不对称。部分经营者为了追求利益最大化而不顾诚信，甚至是通过违法途径追求利润而损害消费者权益，例如以次充好、以假充真等，而且由于生产过程复杂、科技含量高等原因，经营者掌握商品和服务具体信息而不加公布标明，消费者难以获得商品服务的质量信息，在购买商品和服务后出现质量事件时难以对经营者进行有效制衡。

其次，法制观念淡薄。法制观念相对比较落后，经营者道德约束淡化。而消费者因个体差异，多数消费者缺乏维权意识，同时分布广而散，受到损害时考虑到维权成本与收益，多数消费者选择放弃自身的权益，消费者对于商品或服务造成的损害不及时维权，无疑是对生产经营者违法行为的放纵。

3. 促进消费者推动质量的措施

当前我国消费者维护自身合法权益的意识有了一定提高，但在实际交易活动中往往处于劣势地位，经过众多周折很难索赔成功。这需要通过一些措施促进消费者成为中国好质量的推动者。[34, 35]

(1) 消费者权益保护的立法完善。尽快完善《消费者权益保护法》等相关法律对消费者的权益保障制度，以新修订的《消费者权益保障法》为例。首先，应从立法上明确消费者的概念，目前理论界对消费者概念争议很大，所以要尽快从立法上明确其概念。其次，细化消费者索赔权。在新修订的《消费者权益保护法》中对消费者精神受到严重损害，可以要求精神损害赔偿首次被消法规定，这是立法的一个进步，但对于损害到什么程度为严重损害没有规定，同时精神损害的赔偿标准也未规定。再次，修订后的《消费者权益保护法》规定对经营者的欺诈行为处以三倍的赔偿，比原有的规定增加了两倍，但仍然不足以对违法经营者产生足够的威慑力，违法经营者违法成本较低，应加大惩处力度。

（2）消费者权益保护的执法完善。我国应借鉴其他国家的先进做法，进一步规定消费者权益保护行政部门的各项具体职责，促使其形成合力，构建消费者权益保护工作的有效综合协调机制。就保护消费者利益来说，仅仅通过法律制度，消费者组织或者消费者个人还是不够的，还有许多方面也需要政府的介入。例如，对一些存在隐患的产品的通告，对于进出口商品的检验，对于产品质量存在缺陷的产品检验、鉴定，对于诉讼中证据的提供，对于缺陷产品的召回等都与政府的干预是密切联系的。各级政府都应当加强领导，组织、协调、督促有关部门做好保护消费者合法权益的工作。

（3）消费者权益保护的司法完善。人民法院应当采取措施，方便消费者提起诉讼，对符合《民事诉讼法》起诉条件的消费者权益争议，应当及时受理，及时审理。

我国应该完善现行消费纠纷的诉讼程序，在法院专门设立小额消费纠纷法庭。我们可以借鉴日本、德国、美国、新加坡、澳大利亚等一些国家的立法及审判事务中所运用的小额纠纷处理程序，对于数额相对不大，情节相对简单的消费纠纷就可采用此简单程序及早有效地解决消费纠纷。借鉴其他国家的做法，建立适合于解决群体消费纠纷的诉讼程序，赋予消费者协会和有关行政执法机关代表消费者利益和国家利益提起诉讼的职权，以更好地追究经营者的法律责任和保护消费者合法权益。

（4）降低消费者维权的成本。消费者在实际维权过程中，面临着各种的成本，这主要包括直接的支出、机会成本及福利损失。其中，直接的支出包括因举证而产生支出、寻求专业帮助的支出、交通费支出等；机会成本指消费者因行使权利而不得不放弃的工作、闲暇等所内含的利益；福利损失指在行使权利过程中因交易对方的行为等而导致的精神的痛苦、烦恼等。[36] 为此，政府应该通过吹哨人制度、惩罚性赔偿制度、消费者集体诉讼等制度，降低消费者的维权成本。

（5）提高消费者自身维权意识。应通过宣传教育，使广大消费者掌握维权、投诉、诉讼等相关程序，增强自身权益保护能力。消费者要知法、懂法、用法，学会用法律武器来保护自己。消费者应加强相关商品知识的学习，了解有关商品信息。购物、消费过程中消费者一定要索要并保存好有关证据，如发票或服务合同、维修证明等，以作为消费权益受损时的投诉依据。消费者维权效果在相当程度上取决于消费者维权意识，取决于消费者自身捍卫其合法权益的积极性与主动性。当然，消费者维权意识的觉醒并非一蹴而就，需要全社会加大对消费知识的宣传和提高全民法律意识。因此，要逐步普及全民消费者权益保护知识，从我做起，从现在做起，维护自身合法消费权益。

第五章 共同创建质量文化

质量问题归根结底是人的问题，而人与人之间形成的文化又至关重要。文化是民族的血脉，是人民的精神家园。质量发展到一定程度上就要依托于质量文化的创建，为国家、为民族、为企业培植质量意识，营造质量环境，培育质量品牌，支撑质量可持续发展。质量文化作为解释当代质量实践活动的一个基本概念，其涵义是指“以近、现代以来的工业化进程为基础，以特定的民族文化为背景，群体或民族在质量实践活动中逐步形成的物质基础、技术知识、管理思想、行为模式、法律制度与道德规范等因素及其总和”。[37]国务院《质量发展纲要》将质量文化建设提到重要位置，要求大力推进和强化社会主义先进质量文化建设。质量文化既需要硬制度的打造，也需要软环境的营造。在不断探索质检改革、实现质量强国梦的过程中，质量文化建设不可忽视。我们应该从质量工作抓技术、抓监管的抓两手，调整为一手抓质量管理，一手抓质量文化建设的两手抓，助推中国在新的历史时期的转型升级，顺利实现三个转变，实现质量强国梦。

一、质量文化的制度建设

1. 质量诚信和信用

在讲到质量文化时，很多人会将其与企业或者个人的诚信和信用联系在一起，认为是企业或个人的不诚信、不讲信用，导致我们国家不时出现一些质量问题。在这种情形之下，诚信和信用几乎被当做同义词来使用，或者把信用当做道德范畴，或者把诚信当做经济问题。实际上，两者之间有很大的区别。

诚信和信用的不同首先表现在范畴不一致。诚信是诚实守信品质，属于道德范畴。而信用是指人与人之间特殊的经济交易方式，属于经济范畴。信用是经济规则，而诚信不是经济规则。诚信指的是人的主观道德品质，是同一活动主体内在化的动机；信用指的是人与人之间的关系，是不同的活动主体外在的行为。其次，诚信的形成可以说始于人类社会的开端，与人类社会同时产生，诚信源于社会交往，并随着社会交往有序化程度的提高而提高。信用是商品交换活动发展到一定程度而出现的，并随着商品交换的发展而发展。再次，诚信作为一种道德要求，其基本表现形式是：内诚于心，外化于人，言必信，行必果。信用则有多种表现形式，根据主体不同可分为政府信用、企业信用、金融信用和个人信用。信用的出现促进了资本的自由转移，减少了流通费用，节省了劳动，加速了资本的集中和积聚。第四，两者建立和维护机制不同。诚信是一种道德人格，是自律和他律的统一，是道德义务和道德良心的统一，诚信的建设只能是依靠道德。信用建立在一定的道德观念、意识形态基础之上，但主要还是在法律制度基础上所形成的正式契约制度，也就是说，信用既需要诚信观念和诚信意识，还需要一定的法律来确保，是“德治”和“法治”的统一。第五，惩罚机制不同。对于违背诚信的惩罚主要是通过一些非正式制度来发生作用，如社会公认的价值理念、传统文化、风俗习惯、公众的舆论压力等。信用的惩罚机制主要包括基本道德的谴责、法律的惩罚、经济的制裁等。总之，诚信本质上是道德问题，信用本质上是经济问题。[38]

通过分析我们可以看到，诚信和信用有很大的不同，彼此之间有各自的领域，无法实现彼此替代。对于质量文化的建设同样需要从质量诚信和质量信用两个方面着手。目前阶段，质量文化的建设需要通过各种制度的保障来真正落实，是一个长期的过程。要真正推动质量文化的发展，关键要进行质量信用评价和建设，建立中国的质量信用制度，让质量违法者和失信者寸步难行。

安徽省已经在这方面做出探索。2011 年，安徽省质监局、安徽省发改委、安徽省经信委、安徽省政府金融办、人行合肥中心支行等五部门联合印发《关于加强质量诚信体系建设的意见》，明确要把质量严重失信企业纳入“黑名单”，质量失信且风险较大的企业将实行预警或黄牌警告。《意见》指出，安徽省将逐步明确企业质量信用信息的记录、归集、处理、使用和公开等环节的主体责任，建立企业质量信用等级评价制度，将质量诚信建设与生产许可、监督抽查、强制性认证、执法打假等日常监管和服务有机结合，采取激励、预警、惩戒、淘汰等措施，对企业实行分类监管。对于质量诚信企业，相关部门将在政府采购、招投标管理、信用担保等方面给予重点支持和优先安排；对于质量失信及质量严重不合格企业，将通过市场机制和法律手段进行惩处，以营造“诚实经营、以质取胜”的市场环境。[39]

2014 年，“安徽企业质量信用”平台在安徽省标准化研究院开通。该平台依据企业质量信用档案和质量信用信息数据，整合和共享质量信用数据资源，坚持以“客观记录、如实反映、实时动态、历史溯源”为基本原则，以组织机构代码为索引，以质量监管信息为基础，以企业自主发布为补充，从企业基本信息、质量良好信用、质量不良信用、质量信用报告、质量信用评价等多个维度记录并公布安徽企业质量信用信息。安徽将实现企业质量的社会监督，提高政府部门质量信用分类监管工作水平和效能，促进社会信用体系建设。

2. 国家质量奖励制度

目前，世界各国为取得竞争优势，都在国家层面上探索质量文化的塑造，重要表现之一就是国家质量奖的颁授。这些奖励对质量文化的建设起到正向激励和引导作用，促进彼此的交流和学习，实现标杆定点超越。

日本在质量实践方面走在前列，作为世界三大质量奖之一的日本戴明质量奖功不可没。企业通过申请戴明质量奖，建立和完善综合管理体系，推进企业的标准化活动，增强质量意识，提高全员参与全面质量管理活动和质量改进的积极性，提高了产品质量、劳动生产率和企业的凝聚力，使质量改进和标准化活动成为企业的自觉行动。通过申请戴明质量奖，把全面质量管理作为企业参与市场竞争的武器，纳入到企业经营战略中，并且使经营战略得到贯彻实施。戴明质量奖提高了企业的凝聚力，纠正了企业过去不重视经营战略的做法，引导和促进企业的可持续发展。日本企业以申请戴明质量奖作为动力和桥梁，积极推动全面质量管理活动，经过几十年的努力，逐渐形成了强大的竞争力，取得了世人瞩目的经济奇迹。获得戴明质量奖是一种荣誉，更代表一流的竞争力，是日本企业追求卓越愿景的现实目标。

美国马尔科姆·波多里奇国家质量奖以及各州所设立的类似奖项的诞生极大地促进了质量的发展，它们提供了一个综合的、本土化的实现卓越质量的组织模型，同时也使人们能够了解那些成功地应用这一模型的组织所取得的经验。这些卓越模型在实践中对促进质量发展起到重大作用。他们向各个层次的管理者提供了“我们这里也能做到”的证据，更重要的是，它们提供了非常详尽的实现目标的路线图。美国马尔科姆·波多里奇国家质量奖取得的巨大成功，令很多国家纷纷效仿。

欧洲认为有必要开发一个能与日本和美国相媲美的欧洲质量改进框架。当时任欧洲委员会（EC）主席的雅克·戴勒指出，“为了企业的成功，为了企业竞争的成功，我们必须为质量而战”。为此，欧洲委员会（EC）、欧洲质量组织（EOQ）和欧洲质量基金组织（EFQM）共同筹划欧洲质量奖。1991 年 10 月，在法国巴黎召开的欧洲质量基金会年度世界论坛上，欧共体委员会副主席马丁·本格曼正式提出设立欧洲质量奖。1991 年，欧洲发布企业卓越化模式，最初用于企业的自我评价，后被用于欧洲质量奖的评价基础。自 1992 年起，欧洲质量奖每年颁发一次。欧洲质量奖是欧洲最富声望的组织奖，一直以最先进的管理模式为基础，运用欧洲质量奖卓越化模式的基本原则。通过实施欧洲质量奖，帮助欧洲企业制造更好的产品，提供更好的服务。欧洲质量奖的质量实践活动取得了巨大的成功，其成功经验表明：欧洲质量奖能够增强企业质量保证体系的有效性，降低产品成本，提高顾客满意度，长期满足顾客、雇员的需要，使企业获得显著的经济效益和社会效益，最终会导致企业获得更好的经营效益。目前大多数欧洲国家都设立了自己国家的质量奖，这些质量奖的评价方式和程序都遵循了欧洲质量奖的模式。[40-43]

除美国、日本、欧盟等发达国家和地区外，很多新兴的工业化国家和发展中国家随之也设立国家质量奖。如瑞典质量奖（SWQA，1992 年）、新西兰国家质量奖（NZQA，1991 年）、印度甘地国家质量奖（RGNQA，1991 年）、新加坡国家质量奖（SQA，1993 年）、俄罗斯联邦政府质量奖（1996 年）等。我国于 2012 年正式设立中国质量奖，这是中国质量领域的最高政府性荣誉，包括中国质量奖和中国质量奖提名奖，每两年评选一次，授予在中华人民共和国境内质量领先、技术创新、品牌优秀、效益突出的组织和对促进质量发展做出突出贡献的个人。中国质量奖的实践活动必将激励更多的企业在质量上追求卓越，促进国家质量水平整体提高。

3. 质量违法举报与赔偿

消费者是产品和服务的直接使用者和体验者，他们最直接地感知和了解产品和服务的质量状况，而政府有限的监管力量无法对数量庞大、类型复杂的企业进行全方位无遗漏的监管。这就需要充分发挥消费者的力量，给予消费者一定数额的奖励，借此广泛搜集质量违法行为，进而为政府查处企业质量违法行为提供线索和依据。

营造对质量违法行为的广泛监督氛围，让质量违法成为过街老鼠、人人喊打，防止重大质量安全事件的发生。

上海、山西等省市推出质量违法举报奖励管理办法，质量监管部门根据举报事实的确凿程度和举报人的配合情况给予举报人一次性奖励。同时，国家法律也以制度化的方式鼓励消费者在质量领域投诉和维权。2014 年新修订的《中华人民共和国消费者权益保护法》第五十五条规定，“经营者提供商品或者服务有欺诈行为的，应当按照消费者的要求增加赔偿其受到的损失”，赔偿金额从旧消法的 1 倍改为“消费者购买商品的价款或者接受服务费用的 3 倍。”该法律还规定了赔偿金额的最低限度，凡是“增加赔偿的金额不足 500 元的，一律按 500 元赔偿。法律另有规定的 ，依照其规定”。2009 年 6 月开始施行的《中华人民共和国食品安全法》对消费者合法的赔偿金最高定为 10 倍，第九十六条第二款规定“生产不符合食品安全标准的食品或者销售明知是不符合食品安全标准的食品，消费者除要求赔偿损失外，还可以向生产者或者销售者要求支付价款 10 倍的赔偿金。”

质量违法举报可以带来可观的收入，少部分消费者从中看到了商机，他们知假买假并利用所掌握的法律知识向厂商索赔，从中获得收益，他们被称为“职业打假人”。中国最早最知名的职业打假人是王海，他在 1995 年因在北京一家商厦购买耳机成功索赔，成为消费者保护法实施以来第一个依法获得假一赔二的消费者。但是，对打假人是否为消费者、打假人行为的法律和道德性质的讨论，一直持续了将近20年，在消费者眼中他们是敢于伸张正义的“英雄”，在不法厂商眼中他们是难缠头疼的“刁民”。[44-46] 2014年1月，最高人民法院发布的《关于审理食品药品纠纷案件适用法律若干问题的规定》第3条：“因食品、药品质量问题发生纠纷，购买者向生产者、销售者主张权利，生产者、销售者以购买者明知食品、药品存在质量问题而仍然购买为由进行抗辩的，人民法院不予支持。”该规定在一定程度上从法律上解决了职业打假人是否为消费者的争论，肯定了职业打假人的作用。

每个人不可能都成为职业打假人，作为一个普通的消费者，我们可以做一点力所能及的事情，为营造风清气正的消费环境做出贡献。政府相关部门设立了一些投诉电话，收集质量违法信息。如果我们遇到质量违法和侵权的行为，可以通过以下途径反映。

12315消费者热线。1999年3月15日，国家工商行政管理总局在原信息产业部的大力支持下，在全国统一开通了12315消费者申诉举报专用电话，建立了以现代信息技术为主要手段，集受理、查处、监管为一体，覆盖全国城乡的12315消费者申诉举报服务网络。该热线受理和处理消费者申诉举报，保护消费者权益，严厉打击制售假冒伪劣商品的行为，及时有效地查处各类经济违法案件，为维护市场经济秩序公平、公正，促进经济健康发展，起到了积极、有效的作用。[47]安徽省 2001 年开通 12315 热线，2010 年全省 17 个城市的 12315 信息化系统全部开通，受理消费者的各类投诉。

12365 综合服务平台。2010 年，国家质检总局要求各地检验检疫和质量技术监督两局全面加强 12365 举报处置指挥系统的应用，将 12365 设为热线服务电话，寓意是一年 12 个月、365 天，天天为百姓服务。消费者碰到质量问题，只要拨通 12365 质量热线，就能举报、投诉存在质量问题的企业，或获得与质检部门有关的质量咨询、办事程序、防伪查询、政务公开、政策文件、行风监督等公开信息。安徽检验检疫局 12365 热线自 2011 年 11 月份正式开通，2012 年质监系统 12365 投诉举报热线全面升级，与安徽出入境检验检疫局共同设立了 12365 质量热线，并实现省市县联网联动。2013 年安徽省质监局 12365 投诉举报中心共受理举报、申诉和咨询 3070 件。其中举报案件 446 件，申诉案件 136 件，咨询 2488 件。热点主要集中在汽车配件、食品类产品的质量问题。12365 热线对接到的咨询、投诉、举报严格按照工作流程进行处理，并将处理结果及时反馈给服务对象，做到件件有着落，事事有回应，有效维护了广大消费者的合法权益。

12331投诉举报信息平台。12331是全国统一的食品药品监管部门投诉举报电话，消费者可以通过热线向监管部门反映在研制、生产、流通、使用等环节药品、医疗器械、保健品、化妆品的违法行为。安徽从2014年8月上线试运行“12331”投诉举报信息平台，收集了大量的食品药品案件线索，2014年查办查处食品药品案件中70%的重大药品案件、40%的食品案件线索来源于投诉举报。

二、质量文化的环境建设

1. 两手抓质量

质量意识，是一种社会意识、生存意识，是与人类社会发展需求相匹配的。必须通过一系列有针对性、引导性的宣传教育，将单个的、自发的、模糊的质量意识和质量需求，提升到全社会每个单位、每个群体、每个个人的质量意识和质量需求，在全社会营造浓厚的质量氛围，形成“政府重视质量、企业追求质量、社会崇尚质量、人人关心质量”的大质量格局。

因此，要坚持做到两手抓质量，两手都要硬。一手是技术之手，抓传统质量管理（标准、计量、认证认可、质量管理、监督抽查、执法打假、检验检测、纤维检验、特种设备安全监察、品牌建设等），一手是文化之手，抓质量文化建设。安徽省质监局创新建设了全国首个综合性质量文化长廊，并有计划地开展一系列质量文化活动，根本目的就是以文化人，传播质量文化正能量；质入人心，推进质量工作迈上新台阶。质量文化建设的本质，对内提高质监人的“文化自觉”，找到“价值归属”和深层认同，形成凝聚力；对外充分展现质监人的形象，提高质监工作的显示度和正向价值，吸引各级政府和公众理解质监事业，支持质监事业。

据资料反映，中国企业界引进了全球主流的质量管理模式，可是企业质量管理水平还有待进一步提升，总体执行力有所欠缺，究其原因是这些管理模式背后的文化基因与中国本土文化基因的不接轨，中国还需要在引进国外质量管理方法的基础上，根据本国的文化和基本情况，创造适应本土的质量管理模式。

在质量管理方法本土化创造方面，安徽合力股份有限公司做出了一定探索。合力公司从 1958 年建厂之初到现在，始终把质量放在第一位，抓质量，促发展。该公司采用多种系统战略分析方法，经过充分沟通、反复论证，制定了“质量领先、以质取胜、精益求精、追求卓越”的质量战略。该质量战略的实施步骤是：首先公司通过对内外部环境、竞争对手和标杆进行分析，从宏观环境和顾客的需求及期望等方面考虑，逐年细化质量战略规划，并落实到公司质量方针目标进行实施；其次实施质量第一责任人制度，强调制造者是质量第一责任人、部门领导是该部门质量第一责任人、班组长是该班组的质量第一责任人的制度；合力将ISO9000与追求卓越相结合，建立质量改进过程的管理模式，加强培训、加强过程管理、加强接口衔接、加强协调联动、加强考评质量，“五个加强”形成充实完善的质量管理体系。

在实施硬性的质量制度管理的同时，合力公司还将质量文化作为企业文化建设的内核，将质量方针纳入企业文化核心价值观；把质量文化融入质量培训、质量改进和用户服务等环节，提高全员质量意识，树立负责任、守信用、受用户信赖的企业形象。开展全员质量培训和警示教育，树立人人关心质量、持续改进质量，满足用户需求的积极的质量观。经过多年的建设，初步形成了体系健全、制度完善、全员参与、诚实守信的质量文化体系，增强了企业的凝聚力。“崇尚质量、追求质量”的发展理念，让公司取得了建厂55年无亏损，22年各项主要经济指标连续行业第一的业绩。2011年，合力公司位居世界工业车辆行业第八名，先后获得“中国行业最具影响力品牌”“中国叉车自主创新第一品牌”“中国驰名商标”“中国质量奖提名奖”和“安徽省政府质量奖”等荣誉。

2. 以创新提升质量

中国是个大国，幅员辽阔、人口众多、资源丰富、经济总量大，居世界第二。但是，中国是不是一个强国？

在回答这个问题时，我们在很多方面确实没有底气，比如创新能力、高科技、核心竞争力、标志性的品牌等，这些是一个强国必备的东西，我们还很不够。

以色列与中国相比，是一个不折不扣的小国。以色列全国总面积2.5万平方公里（实际控制区域），是中国面积的0.26%，是安徽省面积（14万平方千米）的17.85%，不到五分之一；以色列人口813万，是中国人口的0.59%，是安徽省人口（7002万）的11.6%，十分之一强。

但是，以色列却是世界公认的强国。以色列国土狭小，安全环境极其恶劣，打过5次中东战争，始终处在战争的威胁当中。这种生存环境催生了该国独特而令人生畏的军事技术力量。它的预警机是世界一流的，导弹拦截系统——“铁穹”，甚至超过了美国的“爱国者”拦截系统。

以色列的节水型农业世界闻名，以农业滴灌技术最为著名。以色列是世界人口密度最高的国家之一，而且有一半以上的地方处于干旱或半干旱状态。由于采用了先进的技术，以色列不仅大部分农产品是自己生产的，而且每年还出口大量的农业产品、农业设备及技术。以色列的种子也是世界一流的。以色列最大的专业种子公司叫海泽拉，成立于1939年，是世界主要的蔬菜和农作物种子供应商之一。该公司60%以上的种子出口世界50

多个国家，在全球60多个国家和地区开展销售、研发和生产业务。此外，以色列在遗传学、计算机科学、光学、工程学以及其他技术产业上的贡献都相当杰出。

我们可以从很多方面来总结为什么以色列会成为一个强国，比如国民教育程度高、有西方国家的支持等，但是最根本的，我认为是犹太民族的创新、勤奋、追求卓越的民族禀赋。反过来，我们来思考一下，中国要想真正由大变强，要靠什么，还是要靠创新和质量。

我们十分欣喜地看到，中国当今的企业在质量创新方面已经崭露头角，甚至已经在世界上有一定的影响力。在当前知识经济时代，传统劳动密集型的纺织行业无疑已成为了“夕阳产业”，但在安徽安庆有这样一家企业，它靠坚持技术创新，带动质量提升，却成为了夕阳产业中诞生的“朝阳企业”。这便是安徽华茂集团，该集团几十年来始终注重自主创新能力的提升，把推动技术创新作为保障产品质量、增强企业发展的不竭动力。

打破思维定势，在工艺上创新。华茂是国内较早提出短流程纺纱工业技术路线，并取得显著成效的企业。针对棉纺织“流程长、轻定量、慢速度”的工艺路线，早在20世纪80年代末期，华茂将并条工序由二道改为一道，将清花工序的打击数由6处改为3处，清花流程机台数相应减少；90年代中期，又结合技术创新改造，将前纺半制品定量增加15%～20%，加大细纱牵伸倍数；

2003年，进一步优化工艺，将前纺半制品定量提高40%～50%，相应细纱采用大牵伸，形成了成熟的“短流程、重定量、大牵伸”工艺路线。近几年在加大前纺定量、提高细纱牵伸倍数方面再度突破，从而使前纺工序开设两班成为可能。该集团采用中国棉花研制的当时世界最细纯棉纱——600英支产品制作出的黄山迎客松彩画，代表当前我国纺织工业的最高水平。

引领行业发展，在技术上创新。对技术的信仰，已经成为华茂人的文化基因。技术改造、技术创新是华茂引领行业先进水平的关键。怎样做出让世界业内认可的产品，怎样做出投入少产出多的产品，这就需要大量先进技术的研发与应用。华茂迄今已拥有专利67项，其中发明专利6项。2011年，华茂技术中心被认定为国家级企业技术中心。先后承担了科技部国家科技支撑计划“棉纺嵌入式纺纱关键技术研究与应用”“新型超纺棉聚酯纤维纺织染整关键技术产品开发”课题研究和安徽省“高支紧密纺系列产品研发”“纺织工业优化设计与集成制造技术应用开发”“纺织企业信息管理系统”等重大科技项目。华茂平均每年投入资金3000万元～4000万元用于设备的引进与改造，先后从瑞士、意大利、德国等发达国家引进了具有国际先进水平的纺织印染设备，仅2013年就花费3.248亿元；年研发经费占销售收入5%以上。同时，积极开展产学研合作，依托集团企业技术中心，与武汉纺织大学联合成立了华茂纺织染整研究院，研究院每年开发新品种近 1200 只以上，新产品产值率达 40% 以上。

坚持两化融合，在管控上创新。随着新兴信息技术的不断产生和应用，传统的生产方式和商业模式正在不可避免地发生着变化，传统产业生产的产品难以满足客户快速、高效、个性化的需求。华茂主动迎合工业 4.0 时代，积极调整经营策略，推进信息化与工业化的深度融合，实现质量管控的信息化、科学化。2012—2015 年，华茂全面推进公司信息化升级改造项目，在 MIS 系统的基础上，建立企业 ERP 系统，实现物流、资金流、信息流“三流合一”。在研发上建成具有引领和示范作用的产学研联合体，使产品研发打样由以前的 2 天，缩短为现在的 8 小时；打样准确率由 75% 提高到 98%；工艺设计时间由 0.5 天缩短为 1 小时；设计开发周期由 15 天缩短为 7 天。在生产过程中运用信息化优化生产工艺流程，筛选出产品制造流程的关键控制点。在各生产分厂均设有试验室，按规定周期对各工序的质量指标进行监控，数据及时录入并反馈，便于相关人员组织攻关，从而保证产品质量。计划调度子系统及时监控各工序产量，通过看板“拉动”各道工序及时有效地调整和协作，实现均衡生产，保证产品质量。生产网络看板管理，形成销售、管理、生产三级网络体系，将销售、职能处室与生产分厂、及生产分厂之间有机联系起来，将市场、生产、仓库、物流等孤立信息形成共享资源，消除信息“孤岛”。应用信息技术将指标质量的检测把关方式，由各工序的质量抽测把关转移至关键工序在线检测的全面质量把关上来。通过在线检测，及时发现生产过程中出现的质量问题，并及时纠正与预防，从而有效控制质量波动，提高稳定性。2013 年并条工序产能较上年度提升了 28.9%，粗纱产能提升了 40.2%，创造的直接与间接效益在 1000 万元以上。华茂还在中国棉纺织企业首次建成企业能源管理中心（EMS）及产品“碳足迹”体系，2014 年万元产值能耗为 0.15，位于全国同行业领先水平，安徽省第一，实现了华茂生产绿色产品的多年梦想。

华茂已经成为全国棉纺织行业的旗帜，是安徽纺织行业的龙头。创新为公司在世界纺织业中有一席之地，华茂公司已成为国内外知名企业如 Armani（阿玛尼）、Zegna（杰尼亚）、Paolo（保罗）、D&G（杜嘉班纳）、雅戈尔等指定配套产品以及他们的优质供应商，成为名牌背后的名牌。同时，通过收购品牌服装，“借船出海”，华茂成功进入欧洲市场。2005 年，与德国 RADIC 公司合作，收购其 STEILMANN（世塔玛）、NIENHAUS（宁豪斯）、KAPALUA（卡普路瓦）、APANAGE（阿普纳吉）等 6 个品牌服装及其销售渠道。华茂与意大利 BESTE S. P. A 股份有限公司合作成立合资企业，生产高支高密防羽布、莱卡弹力直贡桃皮绒和棉锦交织鹿皮绒等面料，成为 Burberry（巴宝莉）、Prada（普拉达）、Maxmara（麦丝玛拉）及爱马仕、玛丝菲尔等国内外高端服装奢侈品牌的首选。

据海关统计，近年来，在全国同类产品市场中，华茂产品的内销价格要高于市场成交价的 10%～20%，出口纱线和坯布价格分别要高于国内平均出口价格的 40% 和 20%，品牌效应得到较好体现。如今，华茂已经从一家单纯的纱布加工企业，变成了自主和合作运营 10 多个服装品牌的品牌企业。“乘风”牌纱线和“银波”牌坯布分别荣获“中国名牌”产品和“全国用户满意产品”。2012 年在中国社科院中国企业品牌竞争力指数（CBI）发布中，华茂位列中国棉纺织企业首位。2014 年获“中国纺织行业质量奖”。从 1975 年开始，企业实现了连续 41 年盈利的辉煌业绩，成为中国棉纺织行业的“常青树”。2011 年 7 月，时任国务院副总理李克强视察企业时称赞，“华茂不愧为中国棉纺织行业的 No. 1”。

中国由大变强，第一需要的是创新和质量。

三、质量文化的传递途径

质量问题归根结底是人的问题。文化是民族的血脉，是人民的精神家园。质量发展到一定程度上就要依托于质量文化的创建，为国家、为民族、为企业培植质量意识，营造质量环境，培育质量品牌，支撑质量可持续发展。国务院《质量发展纲要（2011—2020年）》把加强质量文化建设提到重要位置，要求大力推进社会主义先进质量文化建设。质量文化建设如此重要，我们要在收集、整理、提炼、创造质量文化丰富内涵的基础上，通过适当的平台和适当的方式将它传播出去，以文“化”人，传播质量正能量。文化的渗透需要有效的方法。在科技如此发达、信息传播如此迅速的今天，质量文化的传播方式自然也是多种多样。

1. 各类媒体传播

包括传统媒体、网络媒体、移动媒体等。通过媒体的正面宣传来传递正能量，给人希望与动力。但曝光负面信息也可让人从中发现问题，寻求解决问题的办法，将负面影响转化为正能量。

在各类媒体传播中，比较有影响力的质量文化传播载体是中央电视台每年一次的“3·15晚会”和中央人民广播电台经济之声频道每天播出的“天天3·15”节目。“3·15晚会”是中央电视台经济部在1991年3月15日首次推出的现场直播节目，该晚会自开播以来每年都会无情地揭露各种质量骗局、陷阱和黑幕，在全国电视观众中有强大的影响力，一旦不法厂商被曝光，他们将会遭受强大的舆论压力。“天天3·15”是一档民生类舆论质量监督节目，在广义的百姓经济消费生活与狭义的投诉维权两方面的结合点上，寻求3·15主题的拓展，将“3·15”的概念延展为保护目标听众在所有经济活动中的权益。[2)] 节目选题不但涉及衣食住行，更涵盖投资理财、文化活动等方面；释疑解惑，让目标听众感受到真真切切的细致服务。

2. 重要纪念日传播

多年来，我们通过一些重要质量纪念日传播质量正能量。

（1）“3·15国际消费者权益日”。1962年的3月15日，时任美国总统的约翰·肯尼迪在美国国会发表《关于保护消费者利益的总统特别咨文》一文，首次提出著名的消费者四项权利[48]。国际消费者联盟组织于1983年确定每年的3月15日为“国际消费者权益日”，目的在于扩大消费者权益保护的宣传，倡导“讲诚信、重质量”的质量观念，营造“诚实经营、以质取胜”的社会环境。

（2）“全国质量月”。我国的“质量月”活动始于1978年，截至2014年累积举办25届。实践证明，每年集中一段时间、确定一个主题，围绕实现国民经济发展目标，动员和组织社会各方面力量，采取多种形式，有针对性地开展“质量月”活动，对提高全民质量意识，推动质量振兴事业，促进国民经济健康发展，有着重要

2） 参考央广财经频道“天天315”节目介绍。

的现实意义[49]。

(3)“5·20世界计量日”。1999年，第二十一届国际计量大会把每年的5月20日确定为“世界计量日”。

(4)“国际认可日”。自2008年起，每年的6月9日为“国际认可日”。“认证”就是证明产品、服务和管理体系符合标准或技术规范要求的评定活动，“认可”是对从事认证活动的机构、人员、实验室和检查机构的能力予以承认的活动。

(5)“世界标准化日”。每年的10月14日是“世界标准化日”，确定“世界标准化日”的目的就是提高人们对国际标准化工作重要性的认识，促进国际标准化工作适应世界范围内各方面的需求，包括各国政府以及广大公众的需要，进而加强我们在一切行为规范中的标准化意识。

(6)此外，质量文化传播比较重要的纪念日还有中国科协等举办的全国科普日、国务院食品安全委员会办公室举办的全国食品安全宣传周、科技部等部门举办的科技活动周等。

3. 文化载体传播

2013年8月，安徽质量文化长廊正式建成。这是全国首个综合性质量文化长廊。2014年“5·20”世界计量日之际，安徽省计量科技文化馆顺利建成。2014年9月10日，中国质量馆落成。10月，国际质量馆建成。

目前，质量文化长廊已是一个较为完整的质量展示平台，源源不断地传递质量正能量。建设过程中，从内容到风格、从建筑外形到内部展示，安徽省质监局都进行了认真考虑。

（1）建筑经典。质量文化长廊的建筑设计理念是“以人为本，服务社会”。长廊建设总面积 2200 平方米，双层徽派建筑，全长 160 米。长廊是在展示优秀质量文化的基础上，突出了安徽质监特色与徽州文化元素，精心巧妙地把握陈列内容与展厅内部空间环境的相互衬托、相辅相成的关系，追求时代性与文化性的统一。长廊凸显“粉墙、黛瓦、马头墙”的徽派建筑风格。如：长廊以灰、白为主色调，室外道路采用青条石为材质铺设，配合徽派中式路灯，营造古朴淡雅的环境氛围；在建筑用材上，青铜、木质与砖石的运用呈现一种历史的厚重感。

（2）功能完善。长廊包括安徽馆、中国馆、国际馆和计量科技文化馆，设置综合馆、专业馆，一脉相承，浑然一体，成为传播质量文化的重要载体和平台。长廊的主楹联是“车同轨书同文一统度量衡，星分岁地分野总揽天地人”，横批为“万事有度”。长廊的落成是安徽质量文化建设的里程碑，也是一张具有安徽质量文化特征和社会影响力的名片。

（3）形式创新。长廊采用图文展板、文物仿制、电子触摸屏、全息技术、3D 技术场景再现、多媒体和声光电、多幕投影、电子沙盘等多种现代手段，营造出一个具有强烈艺术感染力的质量文化氛围，从空间构成和时间表现上诠释了质量文化丰富的内涵。建筑本身既具有浓郁的安徽特色，又呈现鲜明的现代感，让观者真正参与其中，如同身临其境，不知不觉融入质量文化中。

（4）内容丰富。展览区采用先进的展示理念，生动演绎了安徽质量的昨天、今天和明天，详细展示了安徽质监的历史沿革、辉煌成就、宏伟蓝图。长廊区域内徽文化铜雕、质量文化石雕、青石板道路，错落有致。铜陵有色和马钢集团合力打造安徽质量的铜墙铁壁；古井贡酒，源远流长；黄山旅游，名扬天下；安徽省政府质量奖企业专题展区，交相辉映。同时，安徽省质监局还把质监职能特点、廉政文化、党建文化等融入其中，让质量文化长廊更丰富、更厚重，成为宣传质监文化、树立良好形象的一个重要窗口。

长廊落成后，参观者络绎不绝，取得较好的社会效益和广泛的社会影响。国家质检总局内参专题作了介绍。截至 2014 年底，已接待省部级领导 30 多人次，市厅级领导 60 多位，县市委书记 20 多位，全省市、县区分管质量工作的市县区长等各类团体 220 多批次 7000 多人次。一名大学生参观长廊后说：毕业后立志要成为一名质量工作者；一名县长参观长廊后感叹：真正清楚了质量工作抓什么、怎么抓；一名市委书记参观长廊后决定：围绕区域经济，提升优势产业，全力建好3个省级质检中心。2015年5月19日，省委党校市厅级干部进修班质量工作现场教学后，合肥市委常委、政法委书记张进，深有感触地说："这堂课比我过去分管质监工作两年学到的质量知识还要多。我们要学有所得，学以致用，边学习、边思考、边实践，高度重视质量工作，提高抓质量的自觉性，每个人都成为质量工作的思考者和传播者。"

质量文化长廊已成为中国科学技术协会的"全国科普教育基地"、省委党校的"教育培训现场教学基地"、团省委的"安徽省青少年科普教育基地"和安徽工商管理学院社会实践基地和徽商全球理事会质量实践基地。通过这些不同的宣传渠道，向广大社会民众和消费者宣传质量文化，让更多的人感受质量文化，了解质量文化，传承质量文化，创造质量文化，形成"质量关系人人，人人关心质量"的社会氛围。

四、以文化人实现质量强国梦

没有质量的发展就不是科学发展。如何从传统的质量工作抓两手（抓技术、抓监管）到与时俱进的两手抓（一手抓质量管理的同时，一手抓质量文化建设），是不断探索质检改革路，实现质量强国梦的应有之义。质量文化建设以哲学的思维，从认识论、方法论、实践论的角度开启了质量提升的智慧之门，在抓质量的方法和途径上提供了有力指导。

1. 质量第一的认识论

从认识论角度看，首先要树立“质量第一”的理念，用优秀的质量文化引领质量发展。

造成质量安全事故的原因是多方面的，除了技术、管理等因素外，另一个重要因素还是诚信缺失、道德滑坡、全社会的质量意识欠缺。基于这样的认识，安徽省质监局领导班子达成共识：在坚持一手抓传统质量管理的同时，一手抓质量文化建设。将质量文化作为支撑质量事业发展的精神力量，全力发挥质量文化的引领作用。

（1）质量文化要立得住。质量文化建设要体现先进性，要在理论和思想上立得住，起到正确质量价值和质量意识的全局引领作用；质量文化建设要有深刻的内涵，要在内容丰富程度上立得住，能够以深刻且多元的内容吸引多主体的参与互动。

（2）质量文化要看得见。渗透性是文化的自然属性。质量文化犹如一盏明灯，引领质监人开拓进取、扎实创新、勇立潮头。在践行质量文化过程中，我们十分注重文化氛围的营造。除质量文化长廊外，还建立了廉政文化走廊、文化专栏、质量文化石雕等景观。

（3）质量文化要走得远。质量文化是社会主义先进文化的重要组成部分，是推动质量事业又好又快发展的强大力量。我们按照“抓质量、保安全、促发展、强质检”的总体要求，大力推进质量文化建设，不断提升全民质量意识。力争将文化长廊打造成中国质量教育基地、中小学质量科普教育基地、爱国主义教育基地、党校教学基地，充分发挥其更多的社会功能。

思想是行动的先导。要树立辩证思维，从普遍联系、变化发展和对立统一的辩证法来观察问题、分析问题、解决问题。树立系统思维，善于从系统、整体、全局出发，掌握统筹兼顾这一根本方法，协调推进全面的质量工作。统筹文化要素投入的优化配置，凝聚起加快质量发展的强大合力。以创新思维破解质量发展的难题，以创新创造安徽质监事业的独特优势。

2. 精准定位的方法论

从方法论角度看，务必要精准定位，打造生动有效的质量文化传播载体。

两手抓作为我们近几年实践经验的科学总结，是指导质量工作、推动实践的方法论，是推动质量提升的基本手段，也是我们推进质监工作的自觉行动。

建设一个什么样的质量文化载体？代表安徽乃至全国最高水平的质量文化载体应该是什么样？我们从经典建筑、完善功能、创新形式等三个方面进行思考与谋划，推进质量文化长廊的建设。建筑经典，质量文化长廊在深入展示优秀质量文化的基础上，突出了安徽质监特色与徽州文化优势，精心巧妙把握了陈列内容与展厅环境的相互衬托、相辅相成的关系，追求时代性与文化性的统一。功能完善，长廊不仅是一座重要的质量文化设施，同时也是我们开展质量研究，面向公众和广大青少年传播、普及质量文化知识的基地。长廊以“标准引领、计量保障、安全监管、品牌带动”等质量工作为展示主线，设置综合馆、标准化、计量、质检、食品检测、特检、纤检七大主题展区，一脉相承，浑然一体。形式创新，为了吸引人、打动人、鼓舞人，我们创新质量文化表现形式，采用图文展板、文物仿制、电子触摸屏、全息技术等多种现代手段，营造出一个具有强烈艺术感染力的现代文化长廊氛围，从空间构成和时间表现上诠释质量文化丰富的内涵。

3. 不断探索的实践论

从实践论角度看，质量文化建设的规律要经历实践、认识、再实践、再认识、多次反复的过程，在反复的质量认识和实践中，不断固化和沉淀质量文化基因，借此推动质量事业健康发展。质量提升不仅是我们实现科学发展的时代命题，也是一个历史性命题，一个世界性命题。从抓两手到两手抓需要我们在实践中认识、在实践中破解、在实践中寻找答案。

质量文化建设，建的是“文”，化的是“人”。以安徽的质量文化长廊为例，我们认识到文化载体的实践有利于提升整体的质量意识和质量价值观。因此该长廊取得了较好的社会效益和广泛的社会影响，已经成为传播质量文化、宣传质量工作、推进质量事业的重要窗口。第一，宣传了质量知识。长廊以简短的文字，活泼的图画，生动的视频，对标准、计量、特种设备、质量政策法规等质量知识进行宣传。长廊已经成为省委党校的现场教学基地和团省委的安徽省青少年科普教育基地。第二，推进了质量工作，各方认识到质量工作的重要性。第三，得到了社会各界对质量文化长廊的高度赞誉。生动的质量文化在质量安徽建设中发挥了积极作用，强力推动了安徽质量事业的全面实践和跨越发展。

质量文化，以文化人。质量文化建设是系统性工程，是一项长期的任务。我们的愿景是让质量文化长廊成为广大质量工作者的精神家园。如果全国每个县市都有一个这样的平台，必将深刻影响全社会质量意识和质量诚信，大大提高全社会道德水准，这才是质量文化建设的最终目标。

质量强，国家强；质量兴，民族兴；质量强国梦是中国梦重要组成部分。质量问题是经济社会发展中的重大战略问题。在全球化和信息化的时代，人们常常通过对产品、服务质量的理解和判断，来感知一个企业、一个行业乃至一个地区和国家的实力和形象。

第六章　安徽质量永流传

对于安徽而言，质量有深厚优秀的历史传统，徽商因质量而兴，因质量而根深叶茂。而在现代质量事业从无到有的建设中，民国时期的安徽发起了从无到有、再到轰轰烈烈的度量衡革命。当代质量安徽一经提出，搅起一池春水。安徽就是这样，一次又一次，在大地上不断书写着质量的传奇。

一、安徽商人自古重质量

无徽不成镇。明清徽商是十大商帮之首，它以资金雄厚、经营范围广、势力大、经验丰富、商业职业道德好而著称。据史籍记载，徽商经营之地域极为广阔，“诡而海岛，罕而沙漠，足迹几半禹内”[50]，其地无所不至。源自深山僻壤、流寓四方的徽商，为何能在天南地北落地生根、站稳商埠、立于不败之地呢？很多学者研究认为，明清时期的徽商之所以能够脱颖而出，成为独执商界之牛耳的富甲一方的地域性商帮，这与他们守法经营、注重商品质量、拒售假冒伪劣商品的行为是有一定关系的。[51]

1. 徽商质量群像

诚信经营、讲求质量的安徽商界人物，在明清时期比比皆是。他们对掺假造伪、以次代优、质量低下极力排斥、不屑为之，体现了高尚的品格。

明代万历年间，休宁的汪一龙精医术，在芜湖创办正田药店，注意药品质量，销路遍及国内外而二百年不衰："慎选药材，虔制丸散，四方争购之，对症取服，应效神速。每外藩入贡者，多取道于芜湖，市药而归。"[52]

清初新安商人汪氏在苏州阊门开设盖美号布店，用馈赠小利的办法，请衣工传颂益美号，布质量上乘，扩大了销路，每年销售布料上百万匹，信誉遍及大江南北，二百多年不衰。汪氏打响了自己的品牌，赢得了顾客，占领了苏州市场主要是靠价廉物美、不断提高质量来维持。

绩溪商人胡开文墨店以质量而驰名，至今仍流传。胡开文墨卓立于世，在于其一流的品质，而产品质量往往取决于原材料的质量。为了保证原材料的质量，胡天注（本名胡开文，1742—1809 年）在黟县渔亭办了一处正太烟房，利用渔亭一带丰富的优质松木，精炼松烟，这就为优质产品提供了重要的原料保证。此外，胡天注还改革配方，不断提高生产工艺标准，终于生产出一批墨质极佳的著名珍品，如"苍佩室墨""千秋光""乌金”等。他所制作的“集锦墨”则长期当做贡品送入清朝宫廷。清嘉庆十四年（1809 年），胡天注病逝，其次子胡余德（1762—1845 年）继承家业，仍旧不懈地在质量上下工夫，坚持按“易水法”制墨的工艺。一次，胡开文墨店发现有一批墨锭质量上有些瑕疵，胡余德发现后立即指令所属各店铺停止制售此批墨锭，并将流向市场的部分高价收回，倒入池塘予以销毁。其实这就是我们今天的产品召回制度。[53, 54]

清代婺源茶商朱文炽贩运茶叶至广州，因路途耽搁而逾期，新茶已成陈茶。照理他可以私下以新茶名义售出，但为了遵守商业规范，显示良好的商业信誉，他在交易文契中，“必书‘陈茶’二字，以示不欺”。虽然当他“牙侩力劝更换”，他也不为所动，“坚执不移”。为此，朱文炽付出了沉重的代价，“屯滞二十余载，亏耗数万金，卒无怨悔。”[55]

汪通保在上海开设典当铺，诚实经商，决不掺假：“与诸子弟约，居他县毋操利权，出母钱毋以苦杂良，毋短少；收子钱毋以奇羡，毋以目计取盈。”

吴鹏翔在一次贸易中购进了 800 斛胡椒，在得知这批胡椒有毒后，原卖主请求中止合同，原价退货，为防卖主将这批质量有问题的货物转售他人，他宁愿自己承担巨额损失而拒绝退货，断然将 800 斛胡椒付之一炬，避免了一起可能会出现的大范围中毒事件。

2. 徽商质量故事

明清时期，以“货真价实，讲求质量”取胜的徽商还有胡名山、程得鲁、程莹、江志绪等，他们都是靠公平交易、诚实经商、讲究质量、货真价实而取信于市，久之必致富。[56]下面我们着重介绍几个徽商重视质量的人物和故事。

（1）晚清安徽商人胡雪岩胡庆余堂“戒欺”的堂训。1874 年，胡雪岩在杭州买下了创建于南宋时期的一个熟药号，然后在这个老字号药局的基础上，创办了名叫“胡庆余堂”的国药号。胡雪岩在创立之初，便极其注重药品的质量，他提出“采办务真，修制务精”的经营原则，派人到全国各药材的主产区办理收购业务，采集各种名贵质优的药材，如从山东、河北购买驴皮，从河南怀庆购买山药、生地、牛膝，从陕西和甘肃购买当归、党参、黄芪等，从云南和贵州购买麝香、川贝等，从东北购买人参、虎骨、鹿茸等，这些地方出产的药材是全国品质和药效最高的。甚至，胡庆余堂还购买东南亚地区出产的豆蔻等名贵药材。胡庆余堂不仅要求原材料是地地道道的真货，在药品的研制过程中，也是严把质量关，按照规范的程序老老实实地来操作。一是严格挑选，把原料中含杂质、无效、不纯的部分去除，确保药效；二是精心贮藏，并为此专门修建了东、西、南三个仓库，还特设了一个设计独特、阴凉透风、温度适宜的胶库；三是原料加工到成品制作的全过程都要精工细作，绝不允许偷工减料。胡庆余堂“戒欺”的堂训起源于其内部管理人员的矛盾。胡庆余堂里有一位叫邹文昌的人，他负责药店的采购和销售，颇得胡雪岩赏识，但是最终胡雪岩选择了余修初作药店的经理。于是邹文昌想方设法排挤余修初，他怂恿余修初将豹骨来代替胡庆余堂招牌产品“虎骨追风膏”中所用的虎骨，余修初在其花言巧语的欺骗下，同意了这一主张。邹文昌借机向胡雪岩告状，胡雪岩查清楚来龙去脉之后，他对这种伤害胡庆余堂质量声誉的行为极其恼火，他辞退了邹文昌，在所有伙计面前当场写下了“戒欺”堂训，横匾旁边挂了一条幅：“凡百贸易，均着不得欺字。药业关系性命，尤为万不可欺。余存心济世，誓不以劣品弋取厚利。唯愿诸君心余之心，采办务真，修制务精，不至欺予以欺世人。是则造福冥冥，谓诸君之善为余谋也可，谓诸君之善自为谋也亦可。”牌匾挂在胡庆余堂营业大厅的背后，只有员工看得到，而顾客看不到，因为他想用这两个字时时提醒员工，应注重质量。与胡庆余堂类似的，还有 1855 年余性庭在安庆开办的余良卿药店，在 1884 年余鹤笙接管膏药店后，其膏药的质量得到了显著提高，对疮疖、冻裂、湿疹均有良好疗效，物美价廉，颇受民众好评，成为流传至今的百年老字号。

（2）安庆的刘麻子刀剪店。麻子原名刘朝山，因其面部有少许麻子，故绰号为刘麻子。他是河北冀县人，约出生于 1875 年左右，早年父母双亡，流落江湖。1906 年到安庆，先是卖药，生意起步后，一边经营中药，一边经营武术器械和刀剪，大家对刘麻子印象深刻，店名干脆直接称作“刘麻子刀剪店”。刘麻子刀剪之所以出名，其根本原因就在于它生产的各类刀剪质量过硬。它的刀剪具有钢质硬、淬火好，并有不带砂、不漏布、不夹灰、不卷口等优点，而且还实行“三包”制度（即包退、包换、包修）。这“三包”的制度，不仅用显眼的大字标幅贴在店内，而且还在每把刀剪上都用手工钻上“三包”的钢印。刘麻子之所以能大胆实行“三包”，是因为他在剪刀生产的技术工艺和质量管理：进料讲究，刘麻子买原料时全部选购优质钢材，从不贱买劣材。而且这项工作总是亲自过目经手，不委派别人经办；重视工艺，由于刘麻子是卖武出身，对刀刃、剪刀的技术要求及锻打、淬火等制作工艺较为讲究，加之他对制作工序都严格要求，环环检查、督促，对生产出的刀剪成品都要逐一检查，稍有问题，即打回重新制作，决不马虎出售；重金聘师，当时能制刀剪的能工巧匠大都在桐城、怀宁两县，刘麻子就以重金聘请这些名师高手到他的作坊工作，并且在伙食、住宿等各方面给予优厚待遇，使这些师傅能专心生产刀剪；刘麻子对消费环境也很讲究，他将武术器械在店铺两旁排列得恰到好处，使人一见像是在举办古代兵器展览，以此吸引顾客，他还以一只金手镯（约一两多），制作了一块名副其实的“刘麻子刀剪店”的金字招牌，吸引着顾客。[57]刘麻子刀剪店从1916年创店起，直到1955年的40年岁月中，兴盛不衰。与安庆刘麻子刀剪店类似的，还有明末安徽黟县人张小泉在杭州创立的“张小泉剪刀”，在近代张小泉剪刀在南洋劝业会、巴拿马万国博览会等国际赛会上屡获殊荣，流传至今已有将近400年的历史。

二、民国时期的安徽度量衡革命

1. 度量衡革命的背景

80多年前，在近代中国和安徽，发生了一场以采用国际公制为主要内容的度量衡革命。这是离我们时空距离最近的一次全国规模的政府质量管理活动。[58~60]

1912年，民国刚刚建立，就召开工商会议，统一度量衡。这次会议既有历史眼光，更有国际视野，同时注重当时国情，决议采用万国通用的米制。无疑，这是中国近代史上具有标志意义的一次度量衡革命。但是，这次度量衡革命进行得很不平坦，由于政局频繁变动、财政和经费困难等因素，推行缓慢，几经搁置，走走停停，颇费周折。

1928—1929年，南京国民政府先后公布了一系列度量衡改革法令——中华民国权度标准方案、度量衡法、度量衡局组织条例、度量衡施行细则，及检定检查各种法规。并决定，从 1930 年 1 月 1 日起，开始推行度量衡新制，根据各省情况不同，分为三期完成，安徽省与江苏、浙江、江西、湖北、湖南、福建、广东、广西、河北、河南、山东、山西、辽宁、吉林，以及黑龙江等 16 个省和各特别市（南京、上海、北平、天津、汉口、青岛、广州）列在第一期内，限于 1931 年底以前完成。这一度量衡革命发生的背景主要有三点：一是国内农商工业发展的需要，当时农商工业亟待发展，对度量衡的统一提出需要；二是对世界度量衡新制了解的深入和认同，1875 年法、德、美、俄等 17 国在巴黎签订《米制公约》，公认米制为国际通用的计量制度；三是民国初年除旧布新精神，如安徽省度量衡检定所第一任所长蔡复元先生在文章中宣称，凡是使国家和人民贫弱的不良制度与习惯，都应切实努力废除。

1930 年开始，由全国度量衡局（即度量衡局）局长吴承洛通知全国各省建设厅、署，设省度量衡检定所，选派人员到南京实业部主办的全国度量衡检定人员养成所学习。安徽省度量衡检定所第一任所长蔡复元（继任者有汪丰、杨道林、鲍昭明等），于 1931 年 4 月送符合招考规定的学员至南京接受业务培训。经培训肄业后，回到安徽省内的有一等检定员 1 名，二等检定员 28 名。连同安徽省度量衡检定所举办的“度量衡检定人员训练班”训练的三等检定员45名共74人，全部充实到各县度量衡检定分所工作。

2. 安徽度量衡革命

1931年，所长蔡复元在《安徽建设》第27~29期连续三期刊发《怎样完成安徽度量衡的革命》，普及中外度量衡的知识，并列明安徽实施度量衡的具体规划和步骤。

根据国民政府度量衡划一的要求，1931年1月24日，安徽成立了“安徽省度量衡检定所”，专司办理全省度量衡的划一工作，隶属安徽省建设厅直接管理，接受实业部全国度量衡局业务指导。这是安徽历史上第一个度量衡管理机构，也是全国第一批成立度量衡检定所的10个省和特别市所之一。1931年3月28日，安徽省政府公布了《安徽省公用度量衡推行划一办法》，对推行的方法、步骤和时间划分等均作了具体规定。全省为三个时期，完成这一个工作。首先是准备时期，定为六个月，自1930年7月起至12月；然后是推行时期，也是六个月，自1931年1月起至6月止；最后是完成时期，仍是六个月，自1931年7月起至12月止。第一期为怀宁、桐城、望江、庐江、无为、巢县、全椒、和县、含山、南陵、贵池、青阳、铜陵、秋浦（后改为至德即今东至）、东流（今属江西）、当涂、芜湖、宣城、繁昌共19个县；第二期为歙县、休宁、婺源（今属江西）、祁门、黟县、绩溪、泾县、宁国、旌德、太平、石埭（今石台）、广德、郎溪、凤阳、宿县、定远、灵璧、怀远、合肥、舒城、潜山、太湖、宿松、滁县、来安、泗县、盱眙（今属江苏）、天长、五河共29个县；第三期为英山（今属湖北）、霍山、六安、寿县、凤台、阜阳、颍上、霍邱、亳县、蒙城、涡阳、太和12个县。

安徽省度量衡检定所为推进安徽省的度量衡革命，采取一系列具体而扎实的措施，全力推进这项工作，主要是调查、征集旧制的度量衡器具、宣传、营业登记、检定校准各类度量衡器具、推广制造新制器具、检查、培养检定人才、健全检定机构、筹建省立度量衡制造厂。具体言之如下：

（1）宣传新制。首先是张贴布告："废除旧制，采用新制"。同时编制了各种推行划一的宣传材料，例如《新制度量衡浅说》《标准制与旧制度量衡利害比较表》《标准制、市用制、旧营造库平制相互折合表》《为划一度量衡告民众书》《为禁止使用旧器告民众书》；编写了《度量衡法规汇刊》和《度量衡折算一览》，以及制贴了度量衡划一的多种宣传标语等。

（2）调查旧器。调查了安徽省会安庆市并高河埠、芜湖、大通（铜陵一镇）、宣城、巢县和合肥等地的度器、衡器及公用度量衡的实际状况；调查了度量衡器具的制造材料、营业厂店及度量衡器具制造工人的有关情况。综合各地不完全的调查统计，民国时期，安徽省共有度量衡器具营业厂店约 76 家，每年雇用从事制造度量衡器具的工人总数约 200 人。

（3）禁止制造旧器。布告明令禁止制造旧器，改造新制度量衡器具。同时，通令各县市及附属各机关购领度量衡标准器和民用甲、乙两组标本器及公尺、市尺等，以推行划一。

（4）举办营业登记。规定从 1931 年 5 月 10 日开始登记，至 6 月 30 日为止完成全省登记工作。省会的登记由省度量衡检定所直接办理，各县的登记由县政府负责。凡不按规定履行登记的各家秤店，一律停止营业。已行登记的秤店，由省度量衡检定所负责审核并发给营业许可执照。

（5）指导制造新器改造旧器。召集秤商，指导制造新器及改造旧器的方法，并随时为其解释疑义。

（6）禁止贩卖旧器。布告禁止贩卖旧器，饬令具结限期停止贩卖旧器。

（7）检查度量衡器具。会同公安人员，携带省度量衡检定所检查证，对省会各商店所使用的度器实施检查。

（8）废除旧器。经检查后，凡不堪修理的度器，一律加盖“销”字予以作废。同时饬令限期更换，以资划一。

（9）宣布划一。省政府议决通过“公用度量衡划一办法”，并正式宣告于民国20年6月底开始划一。

（10）筹设“度量衡检定人员训练班”。

（11）筹设“度量衡检定分所”。全省检定分所共确定为20个区，分4期筹备成立。

后来，由于财政经费的严重困难，1932年底“省度量衡检定所”被迫撤销，其工作并入省建设厅直接办理。但因实业部“全国度量衡局”的要求，复又按照江苏的成例，1933年4月恢复“省度量衡检定所”的名义，并由省建设厅第三科科长陈言兼任所长。在此期间，省度量衡检定人员训练班仍旧举办，继续培训三等检定员，分派各县负责度量衡划一和开展度量衡检定工作。1935年，安徽省各县度量衡推行工作初见成效，以芜湖、当涂、宣城、蚌埠、无为、合肥等县推行划一工作成绩显著。1937年春，全国度量衡局局长吴承洛曾来安徽各县视察度量衡工作推进的情况。

三、蓬勃发展的质量安徽

从秦始皇统一度量衡，到近代度量衡革命，直到今天，质量穿越了历史的漫漫长路。新世纪第二个十年伊始，安徽提出质量安徽的发展愿景，开启了安徽质量探索的新征程。

2012年7月，省政府出台《关于开展质量强省活动的意见》（皖政〔2012〕82号），在全省范围内开展质量强省活动。2013 年 1 月 15 日，省政府第 112 次常务会议明确提出，在质量强省的基础上，深入开展质量安徽创建活动。制定了质量安徽的路线图。印发了《安徽省质量发展纲要（2013—2020 年）》（皖政〔2013〕19 号）；构建了质量安徽的工作机制。省政府统一成立“省质量工作领导小组”，统筹抓好全省产品质量、工程质量、服务质量等“大质量”工作。营造了质量安徽的浓厚氛围。2012 年全国质量月启动仪式在亚洲最大的安徽省广电演播大厅面向全国直播，同时省政府召开全省质量强省活动电视电话会议。质检总局、省政府主要负责同志出席会议并讲话，全省近 3000 人参加会议。

1. 质量安徽活动的创建

为什么在这样一个时间点开展质量安徽的活动呢？

（1）转型发展的需要。未来 10 年是安徽大有可为的黄金发展期。国内外产业加速向中西部地区转移，长三角区域发展分工合作不断深化，工业化、信息化、城镇化、农业现代化同步推进，消费结构加快升级，以质量为核心要素的标准、品牌等区域竞争日趋激烈。面对新形势、新挑战，坚持以质取胜，推进质量安徽建设，是调整经济结构和转变发展方式的内在要求，是努力走在中部崛起前列的战略选择。

（2）维护市场秩序的需要。健全适应经济社会发展需要的量值传递和溯源体系，加快战略性新兴产业、先进制造业、现代农业、现代服务业等重点领域标准体系建设，建立健全认证认可管理模式，建立全省统一的质量信用管理平台，必将极大地促进统一、有序、开放的市场体系的形成，维护良好的市场秩序。

（3）保障民生的需要。当前，全省质量总体水平与人民群众日益增长的质量需求之间的矛盾仍然突出，质量安全监管基础比较薄弱，一些生产经营者质量主体责任落实不够，对质量把关不严，甚至诚信缺失、制假售假。电梯等特种设备安全问题关注度较高。这些迫切要求我们强化安全底线，为人民群众创造良好的质量安全环境。

（4）国际竞争的需要。安徽产品和企业要走出国门，参与地区和国际竞争，进一步向产业价值链高端延伸，必须要大力引进先进质量管理方法、技术和高端人才，锻造以质量、品牌、标准为主要内容的核心竞争力。

两年来，质量安徽建设取得明显成效，许多工作取得了重大突破，有些工作在中部地区处于领先地位，甚至在全国都产生了较大影响：质量安徽全面铺开。全省16个地级市和90个县（市、区）都出台了质量强市（区、县）意见。全省16个地级市和60个县（市、区）都出台了政府质量奖励制度。质量安徽安全底线日益巩固。从1986年到2013年，全省产品质量抽查合格率由66.87%提高到92.81%，连续27年不断攀升。未发生系统性、行业性、区域性质量安全问题。质量安徽技术平台不断做强。国家级质检中心累计达23个，居中部第一，省级质检中心达到61个。启动运行安徽企业质量信用信息平台。质量安徽文化独具魅力。在全国创新建成总面积达3000多平方米的质量文化长廊，被评为“地方质监亮点”，已成为传递质量正能量的阵地。

2. 安徽建设与度量衡革命的异同

可以将时隔将近一百年的度量衡革命和质量安徽建设进行一番比较。

（1）两者不同之处在于：一是时代背景不同：度量衡革命之时，时局动荡，国家积弱积贫，近代工商业在艰难中起步；现在我国已经成为世界第二大经济体，经济繁荣，社会稳定。安徽已处在工业化、城镇化、信息化、农业现代化加速推进的黄金发展期；二是工作领域不同：度量衡革命的主要领域是农业、商业、手工业；质量安徽主要领域是工业、服务业以及现代农业，并拓展到社会管理领域；三是工作内容不同：度量衡革命的中心内容是在计量上采用国际公制；质量安徽的内容则要丰富很多，它是计量、标准、认证认可、质量管理、安全监管、技术平台建设的多维一体。

（2）两者相同之处在于：一是经济社会的发展需求是度量衡革命和建设质量安徽的内在动力；二是两者目标都是维护秩序、保障民生、促进发展；三是政府的自觉推动是度量衡革命和建设质量安徽的有力保障；四是推动度量衡革命和质量安徽建设都需要改革创新的观念和勇气。

四、全面推进质量安徽建设

1. 全面推进质量安徽建设的措施

安徽省一直高度重视质量事业的发展，已经自觉践行质量时代的基本特征，致力于全面推进安徽质量的建设[61]：

（1）发挥政府主导作用。将质量工作纳入当地经济社会发展规划，把提高本地区质量整体水平和产品质量安全监督管理纳入政府工作考核目标，加大对质量工作的投入力度，从资金、人才和机构建设等方面给予政策支持。各行业主管部门各司其职、各负其责，认真履行工作职能，共同推动质量发展。

（2）推进名牌发展战略。从某种程度上讲，品牌代表着质量。要把名牌创建融入经济社会各个领域和各项工作，激发全社会的名牌创建热情，努力形成政府、企业和社会共同推动名牌创建的工作格局。据资料显示，2012 年，安徽名牌企业总产值达到 5722 亿元，是 2007 年（2948 亿元）的 1.94 倍，占规模以上企业总产值的 19.57%；安徽名牌产品产值达到 3784 亿元，是 2007 年产值（1563.7 亿元）的 2.42 倍，占名牌企业产值的

66% 以上。

（3）加强标准化工作。标准是质量的基础。全面落实省政府《关于推进标准化工作的意见》，加快电子信息、节能环保、新能源、生物、高端装备制造、新材料、新能源汽车、公共安全等战略性新兴产业的关键核心技术和前沿技术标准的研制工作，创新研制一批“人无我有、人有我优”的先进技术标准，建立一批重要产品技术标准体系，推动产业改造升级。

（4）落实企业主体责任。企业是产品的生产者，也是质量的第一责任主体。要大力开展质量兴企、技术改进、节能降耗、技能竞赛等活动，积极推行卓越绩效等先进质量管理模式。完善企业从产品设计、原材料采购、生产加工、关键工序控制、出厂检验到售后服务全过程质量安全保证体系，推行“一票否决”质量安全责任制。

（5）提高检验检测能力。围绕安徽省产业集群、产业基地建设和战略性新兴产业、重点优势产业等领域，加快国家级质检中心和省级质检中心建设，满足产品质量监管和产业发展需求。根据国务院办公厅《关于整合检验检测认证机构的实施意见》（国办发〔2014〕8 号）的要求，整合做强检验检测认证机构，提高技术支撑能力，服务经济可持续发展。

2. “放、管、治”三位一体的质量发展路径

古今中外，一旦社会稳定，经济发展，质量建设就会被提上议事日程。质量兴，则秩序一统，则产业兴旺，则百姓拥护，则天下大治。抓质量符合经济社会发展规律，符合企业发展要求，符合人民群众愿望。要按照“放、管、治”三位一体的质量发展路径，结合工作实际，着眼于新的实践和发展，不断谱写安徽质量工作新篇章，把安徽经济社会发展推向“质量时代”。为谱写中国梦安徽篇章提供质量支撑。

（1）坚持质量效益导向，在放活上下工夫。要简政放权，更好地激发市场活力，增加企业创造力，充分发挥企业作为质量主体的作用。一是着力推进行政审批制度改革。建立权力清单制度，引入质量准入负面清单管理模式，原则上除涉及安全、健康、环保和反欺诈的项目，其他质量领域行政审批事项逐步取消。做到“行政权力进清单、清单之外无权力；有权必有责，用权须负责”。二是试点推行“先证后核”制度。除涉及安全生产、环境保护、产业政策等方面的产品外，简化生产许可证审批程序，试点“先证后核”。三是落实企业质量主体责任。四是进一步减轻企业负担。

（2）坚持质量安全导向，在善管上下工夫。要完善事中事后监管，坚持做到质量准入、质量服务零等待、零障碍和质量安全监管零疏漏、零容忍。一是强化标准引领作用。要鼓励各行各业参与国内外标准化活动，承担专业标准化技术委员会工作，争取标准话语权。按照延伸产业链、提升附加值的要求，引导块状产业建立联盟标准。支持安徽省优势产业、重点企业开展创新技术标准和先进技术标准的研制，将具有自主知识产权的技术和专利及时转化为标准，不断提高产品的核心竞争力。二是加强计量、认证认可工作。要健全适应经济社会发展需要的量值传递和溯源体系，重点建设涉及高新技术、节能减排、保障民生等领域的计量标准。提升社会公用计量标准技术水平，满足战略性新兴产业发展需求。建立健全法律规范、行政监督、认可约束、行业自律、社会监督相结合的认证认可管理模式，提高强制性产品认证的有效性。三是提高检验检测能力。要加强公共检测服务平台建设，充分发挥好检测机构作用，完善检验检测基础设施，提高装备水平，努力成为国际国内权威的认证和检测中心。大力吸引国际、国家级、省级、各行业检验检测机构落户安徽。要推进检验检测机构整合，做大做强检验检测机构，推动全省检测资源向创新机构和企业开放，主动为广大企业和科研机构服务，为自主创新和产业转型升级服务。四是注重质量安全监管。健全监管机制，严格执行行政许可、强制认证等市场准入制度。加大企业质量监管和产品监督的抽查力度，督促企业建立健全质量保证体系，把企业的生产经营行为全部纳入依法监管范围。深入持久地整顿和规范市场经济秩序，严厉打击质量安全违法行为，切实维护合法企业的利益。五是健全质量诚信体系。弘扬诚信为本的徽商精神，搭建以组织机构代码实名制为基础，以物品编码管理为溯源手段，多部门应用的质量信用信息共享应用平台；完善企业质量档案和产品质量信用信息记录，建立质量失信“黑名单”并向社会公开。要建立和完善企业质量信用评价制度，建立统一的企业质量诚信档案、质量信用等级指标体系。

（3）坚持质量提升导向，在共治上下工夫。要围绕建设现代质量治理体系，形成推动质量安徽的叠加效应和强大合力。一是坚持政府推动。各级政府要把质量工作纳入经济和社会发展规划，不断加大对质量工作的推动和引导力度。要进一步发挥政府质量奖的导向作用，激励广大企业和全社会依靠先进的质量理念和科学的质量方法，提高质量创造能力。二是坚持品牌带动。围绕主导产业，选择确定一批生产规模大、技术含量高、市场信誉好、发展前景广的重点产品和企业，制定完善培育规划，实施分级分类管理，努力推动人才、技术、资源等要素向名优企业、行业集聚，引导中小企业向龙头企业靠拢，同类产品向名牌产品集中，形成具有安徽特色的区域品牌。三是坚持多方互动。要把质量教育作为提高全民素质和劳动者技能的重要内容，实施不同层次的质量教育与培训，加快推进质量专业技术人员职（执）业资格制度，加强质量人才梯队建设，重点培养高层次、高技能、满足不同需求的质量专业人才。商会、协会、中介组织等社会力量要加强服务监督，引导行业诚信自律，对质量状况进行第三方评估。四是坚持宣传促动。新闻媒体要大力宣传质量法律、法规，广泛报道质量工作改革发展的思路与措施，宣传推介安徽省精品名牌产品，树立“安徽制造”的品牌形象。

后　记

质量的核心是人，质量是人生产的，是为人服务的，是为了让人生活得更有质量，最终是提升人类生活的幸福感。

人活着，要有质量[62]

——参观安徽质量文化长廊有感

胡少石

人活着，要有质量。
无论卑微，还是高尚。
独立之精神，
自由地思想。
如果没有质量，
人生的意义，
又在何方？
人活着，要有质量。
无论修养，还是信仰。
知常、守道，

创新、梦想。

正如这绿色的文化长廊，

尺把丈量，莫要迷失，

前进的方向。

人活着，要有质量。

无论明天，

是面对阴霾，

还是灿烂阳光。

平和心态，自信坚强。

始终守护，

纯真和善良。

人活着，就要有质量。

无论健康，还是理想。

晨练朝阳，暮伴书香。

青春虽激荡，年暮心犹壮。

漫步人生路，

自豪地歌唱。

你有怎样的期许。

参考文献

[1] 王泽洪，黄国庆，周德文．宏观质量管理概论［M］. 北京：中国标准出版社，2013：6.

[2] 卢碧红，等．现代质量工程［M］. 北京：机械工业出版社，2013：31.

[3] 张丽艳．质量的内涵［M］. 企业标准化，2005（4）.

[4] 邓丽明．管理学基础［M］. 南昌：江西科学技术出版社，2007：135.

[5] 卓岘编．2008 版 ISO 9001 质量管理体系运行指南［M］. 北京：中国标准出版社，2013：9.

[6] 乔志杰．从质量定义看本质［J］. 企业标准化，2005（5）.

[7] 拉什尼尔．感应：决定命运的力量［M］. 长春：吉林文史出版社，2012：195.

[8] 易先群，段一中，黎司明．质量学概论［M］. 北京：中国质检出版社，2012：38.

[9] 温克勤，任健雄，李正中，等．管理伦理学

[M]. 天津：天津人民出版社，1983.

[10] 摩奴法典．迭朗善，译．马香雪，转译．北京：商务印书馆，1982.

[11] 司马迁．史记·秦始皇本纪·中华书局，1982.

[12] 中国社会科学院考古研究所．中国考古学·秦汉卷．北京：中国社会科学出版社，2010.

[13] 黄清亮．漳州南炮台纪事 [J]. 闽台文化研究，2012（2）.

[14] 本报评论员．坚定不移走质量强国之路 [J]. 中国国门时报，2014-09-15.

[15] 中央电视台《大国崛起》节目组．大国崛起原创精编本 B 卷 [M]. 北京：中国民主法制出版社，2007：686.

[16] 中国社会科学院民族研究所．马克思恩格斯论民族问题下册 [M]. 北京：民族出版社，1987：646.

[17] 王瑞平．火与人类文明起源的关系 [N]. 光明日报，2005-12-13.

[18] 宿希强．刘源张的质量情结 [J]. 北京：中国质量万里行，2009.

[19] 徐奇渊．中国出口真的是世界第一吗？．澎湃研究所，2014-12-17.

[20] 郭洋．“德国制造”——从劣等标签到品质保

证．新华网，2012－08－24.

［21］杨骏．欧洲近年来的重大食品安全事故．新华网，2008－12－11.

［22］莫里斯·迈斯．毛泽东的中国及后毛泽东的中国［M］. 成都：四川人民出版社，1992.

［23］杜吟．质管：中西合璧绽奇葩［J］. 北京：中国质量万里行，2009（10）.

［24］杨继国，魏鑫珂．“鞍钢宪法”对西方企业“管理革命”的影响研究［N］. 中共四川省委省级机关党校学报，2013（1）.

［25］程虹．我国经济增长从“速度时代”转向“质量时代”［J］. 宏观质量研究，2014（4）.

［26］唯思．社会主义建设总路线的伟大的实践意义和理论意义［J］. 理论与实践，1958（6）.

［27］夏婕妤．杭城三把火见证温州皮鞋荣辱史［J］. 温州日报，2010－06－01.

［28］孔令泉．温州鞋与火的故事［J］. 人民文摘，2008（7）.

［29］火孤舟钓翁．杭州武林门火烧温州鞋 1987 年［J］. 温州日报，2010－09－30.

［30］新浪博文：《杭州武林广场的两把火》.

［31］杨觅玫，洪生伟．变迁中的我国产品质量监督管理——制度与模式的考察［J］. 标准科学，2010（1）.

[32] 石秀芳. 我国产品质量监管制度的分析与展望[J]. 电子质量，2010（8）.

[33] 贺建. 论我国产品质量监管法律制度的完善[D]. 湖南：湖南大学法学院，2010.

[34] 田春苗. 我国消费者权益保护现状及其完善[J]. 甘肃联合大学学报（社会科学版），2008（1）.

[35] 李刚，陈旋. 对完善我国消费者权益保护制度的几点看法[J]. 哈尔滨市委党校学报，2005（5）.

[36] 应飞虎. 知假买假行为适用惩罚性赔偿的思考——基于法经济学和法社会学的视角[J]. 中国法学，2004（6）.

[37] 蒋家东. 质量文化研究（上）——概念及结构化分析[J]. 航空标准与质量，2000（3）.

[38] 李建平，石淑华. 试析“诚信”与“信用”的联系与区别——再论信用本质上是一个经济问题. 东南学术，2004（1）.

[39] 皖5部门共筑质量诚信体系 信息长三角共享[N]. 安徽日报，2011-12-05.

[40] 袁俊. 美国、日本和欧洲质量奖[J]. 质量与可靠性，2005（1）.

[41] 袁俊. 世界三大质量奖介绍[J]. 船舶标准化工程师，2006（6）.

[42] 袁俊. 浅析世界著名三大质量奖[J]. 中国标

准导报，2006（6）.

［43］袁俊．世界三大质量奖［J］．国防技术基础，2008（8）.

［44］沈幼伦，黄伟丰．也谈知假买假索赔的“王海现象”［J］．法学，2002（8）.

［45］宋征，胡明．从王海打假案看知假买假者是否消费者——法解释学意义上的分析［J］．当代法学，2003（1）.

［46］刘沐炎．王海现象：法理评述与分解．中外法学，1998（2）.

［47］国家工商行政管理总局．消费者权益保护［M］．北京：中国工商出版社，2012：110－114.

［48］马洪，王梦奎．中国务院发展研究中心研究报告选［M］．北京：中国发展出版社，2005：55.

［49］中国技术监督年鉴编辑委员会．中国质量技术监督年鉴［M］．北京：中国标准出版社，2002：117－119.

［50］李乔岱，修．召庶，纂．休宁县志·舆地志·风俗．明万历三十五年刻本.

［51］卞利．论明清时期徽商的法制观念［J］．安徽大学学报（哲学社会科学版），1999（4）.

［52］余谊，等修．鲍实，等纂．芜湖县志·石印本．卷五十八．民国八年.

[53] 佚名．“胡开文”墨业创始人胡天柱的先见之明［N］．新商报，2014－01－14.

[54] 胡云．胡天注与“胡开文”墨业考证［J］．黄山学院学报，2005（5）.

[55] 吴鹗，修．汪正元，纂．婺源县志卷三十五人物·义行，清光绪九年.

[56] 陈学文．明清徽州商人之成功——明清徽商经营之道与商业道德［J］．浙江学刊，2001（6）.

[57] 方兆本．安徽文史资料全书·安庆卷［M］．合肥：安徽人民出版社，2007.

[58] 蔡复元．怎样完成安徽的度量衡革命［J］．安徽建设，1931（27－29）.

[59] 鲍昭明．解放前安徽省度量衡工作发展概况［M］．//方兆本．安徽文史资料全书·安庆卷．合肥：安徽人民出版社，2007.

[60] 安徽省地方志编纂委员会编．安徽省志·技术监督志［M］．方志出版社，1998.

[61] 朱琳．建设质量强省要脚踏实地［N］．北京：中国质量报，2012－06－08.

[62] 胡少石．人活着，要有质量——参观安徽质量文化长廊有感［N］．北京：中国质量报，2014－08－22.

[63] 比·威尔逊．美味的欺诈：食品造假与打假的历史［M］．周继岚译．北京：三联出版社，2010.

[64] 查尔斯·狄更斯. 双城记 [M]. 石录礼，译. 北京：人民文学出版社，1996.

[65] 陈射. 30 年质量之变 [J]. 品牌与标准化，2009 (3).

[66] 程虹. 宏观质量管理 [M]. 武汉：湖北人民出版社，2009.

[67] 程虹. 中国质量怎么了 [M]. 武汉：湖北科学技术出版社，2013.

[68] 李辉. 安徽省质监局局长朱琳：让质量文化成为一种信仰 [N]. 北京：中国质量报，2014-12-18.

[69] 李攀. 浅谈中国古代质量管理 [J]. 现代企业，2011 (8).

[70] 陆一，陈邦柱，刘源张，邢造宇，刘瑞旗. 让中国制造成为优质产品的标志 [J]. 中国质量技术监督，2007 (11).

[71] 欧阳修，宋祁，等. 新唐书 [M]. 北京：中华书局，1975.

[72] 佚名. 考工记 [M]. 闻人军，译. 上海：上海古籍出版社，2008.

[73] 谢繁宝. 理顺机制 完善体系 深化改革——浅析我国宏观质量管理的现状与对策 [J]. 中国技术监督，2014 (1).

[74] 辛克莱. 屠场 [M]. 北京：人民文学出版

社，1979.

［75］徐建华. 新常态中的质量观［N］. 中国质量报，2014-12-15.

［76］杨天宇. 礼记译注［M］. 上海：上海古籍出版社，2004.

［77］质量发展纲要2011—2020年起草工作小组. 质量发展振兴纲要［M］. 北京：中国质检出版社，2012.

［78］朱琳. 从抓两手到两手抓［N］. 中国质量报，2014-04-18.

［79］朱琳. 从抓两手到两手抓——对质监部门质量文化建设的实践与体会［N］. 中国质量报，2014-04-18.

［80］朱琳. 大力推进质量强省 服务美好安徽建设［J］. 安徽行政学院学报，2012（2）.

［81］朱琳. 发挥质监职能 提高发展质量［N］. 安徽日报，2012-08-29.

［82］朱琳. 改革·服务·发展［N］. 中国质量报，2013-12-30.

［83］朱琳. 牢牢把握质量强省这条主线［N］. 中国质量报，2013-09-09.

［84］朱琳. 以“三个转变”为引领 稳步进入“质量时代”［N］. 安徽日报，2014-12-26.

［85］朱琳. 着力提升新时期质监工作的有效性

[N]. 中国质量报，2012-12-07.

[86] 朱琳. 追求高标准 实现高质量 [N]. 中国质量报，2014-05-09.